Schlank mit Keto

Der 21-Tage-Kickstart nach dem Low-Carb-Prinzip

Marina Lommel

Schlank mit Keto

Der 21-Tage-Kickstart nach dem Low-Carb-Prinzip

südwest

Inhalt

Vorwort

Du hältst dieses Buch in den Händen und bist auf der Suche. Auf der Suche nach einer Ernährung, die dich satt, glücklich, leistungsfähig und nebenbei auch schlank macht. Ich erkläre dir, was Keto-Ernährung ist, wie sie wirkt und wie herrlich abwechslungsreich sie schmeckt – mit viel gutem Fett.

Wir schreiben das Jahr 2010. Ich bin Anfang 20 und studiere Ernährungswissenschaft an der TU München. Ich bin angehende Ernährungswissenschaftlerin und ich habe Hunger.

Für das Fach habe ich mich entschieden, weil ich Naturwissenschaften liebe. Biochemische Stoffwechselwege und Vorgänge im menschlichen Körper habe ich schon zu Schulzeiten liebend gern verinnerlicht. Mathe und Bio waren meine Leistungskurse. Physik konnte ich nur deshalb nicht belegen, weil der Kurs an unserer Mädchenschule nicht zustande kam. Trotzdem bin ich dankbar, dass ich die Zeit zwischen Grundschule und Abitur in einer reinen Mädchenklasse verbracht habe. Dadurch wusste ich einfach nicht, dass Mathe und Chemie nichts für Mädels sein sollte. Und so habe ich es lieben gelernt.

Mit 14 habe ich auch die sonnigsten Nachmittage gerne im lokalen Elektronikgeschäft verbracht. Mein Hobby war damals Amateurfunk – Funkgeräte und Schaltungen löten, die ISS beobachten und mit eigenem Rufzeichen rund um die Welt kommunizieren. Amateurfunk war modern in einer Zeit, bevor es Handys und erst recht Smartphones mit Internetverbindung gab. Dennoch war ich in der Amateurfunkprüfung das einzige minderjährige Mädel unter recht vielen elektronikbegeisterten, älteren Herren. Ich war anders.

Meine Mutter lobte meine Einsen und Interessen stets ausführlich vor ihren Bekannten. Mir war das peinlich. Für meine Mitschüler war ich seltsam, und so fühlte ich mich auch. Das brachte ich bis zur Volljährigkeit mit wechselnden Haarfarben, Frisuren, schwarzer Kleidung und Nietengürteln zum Ausdruck.

Schon mit 14 hatte ich mit 60 Kilogramm mehr auf den Rippen, als meine Mutter, die stets für ihre Fitness gelobt wurde: „Wow, du bist ja dünner als deine Tochter". Bei den bayrischen Großeltern musste aufgegessen werden, was auf den Teller kam. Zuweilen habe ich mir ein Heft mit gesunden Rezepten gekauft und versucht, das ein oder andere Kilo abzunehmen. Mal mit Körnerkur, mal mit kalorienarmer Ernährung ... weit kam ich nie, da wir in der Schule und am Nachmittag doch gerne Kekse, Eis und Backwaren gefuttert haben. Als ich dem allerersten Schwarm meines Lebens in Teenie-Jahren erzählte, dass er mir gefiel, erfuhr ich später von meinen Freundinnen, dass er mich zu dick fand. Ich war die Komische, die alte T-Shirts statt schöner Blusen trug und etwas stämmiger war. Die, die wenig sprach und lieber Sachbücher las.

Dann kam das Studium und ich zog in eine WG mit zwei Kommilitonen. Zwischen all den spannenden Vorlesungen und Wohnheimpartys lernte ich „ihn" kennen, zwei Semester über mir. „Er" war der Schwarm von gefühlt 50 Prozent der Studentinnen auf dem Campus und hatte mehr Freunde als jeder andere. Gemeinsam hatten wir einen genialen Sommer. Unileben pur, wie man es sich abseits aller Klausuren ausmalt. Bis die Sache mit „ihm" und mir zu Ende war. Da alle meine Freunde auch seine Freunde waren und er jeden zwei Semester länger kannte als ich, war ich plötzlich allein. Allein mit mir, meinen Skripten und meinen Selbstzweifeln.

Es muss einen anderen Weg geben

Es war, wie gesagt, 2010, ich war angehende Ernährungswissenschaftlerin und ich hatte Hunger. Seine Neue war dünner und das war alles, was ich zu der Zeit sah. Daran musste es liegen, dachte mein früheres Ich. Und als Ernährungswissenschaftlerin wusste ich ja schließlich, wie gesunde Ernährung auszusehen hatte. Dachte ich. Wenig Fett, viel mageres Protein, viel Vollkorn. Das hatte ich von meinen Professoren auf-

In der Mensa hielt ich fortan Ausschau nach magerem Fleisch und fettarmem Gemüse. Die Auswahl war nicht groß, es blieb nicht viel, das ich essen wollte. So nahm ich rasend schnell ab. Von 60 Kilogramm auf 55 Kilogramm. Zum ersten Mal bekam ich Komplimente für meine Figur. Durch meine Liebe zum Sport nahm ich weiter ab – von 55 Kilogramm auf 50 Kilogramm.

Ohne es zu wissen aß ich für mein Sportpensum viel zu wenig und steuerte auf eine ungesunde Unterversorgung mit wichtigen Nährstoffen zu. Meine Umwelt aber lobte mein neues Aussehen. Neben der Uni arbeitete ich beim Fernsehen. Freitag, Samstag, Sonntag jeweils 15-Stunden-Schichten. Als Aufnahmeleiterin war ich für die Leitung des Teams bei Livesendungen zuständig. Die Wochenenden waren anstrengend und anspruchsvoll. Irgendwann wog ich nur noch 47 Kilogramm. Mit abnehmendem Gewicht nahm meine Leistung ab. Ich war immer unkonzentrierter und fahriger. Meine Vorgesetzten aber nahmen mich plötzlich mehr wahr. Wegen meiner Leistung? Nein. Man wollte mit mir ausgehen.

Dabei sah mittlerweile selbst ich, dass ich nicht mehr gut aussah. Sogar Klamotten in der am kleinsten verfügbaren Kleidergröße 32/34 hingen wie nasse Säcke an mir herab. Ich wollte nicht mehr abnehmen. Ich fühlte mich schwach und ausgelaugt. Meine Leistungsfähigkeit im Job war mir doch immer so wichtig. Aber, so dachte ich, ich machte doch alles richtig. Viel mageres Protein, Vollkorn, wenig Fett. Das war es doch, was alle Frauenzeitschriften und Ernährungsexperten predigten. Ich ernährte

geschnappt. (Hier sei gesagt, dass das Studium der Ernährungswissenschaft vor allem ein naturwissenschaftliches Grundstudium und biochemisches Studium der Stoffwechselvorgänge ist – man lernt nur am Rande, was „gute" und „schlechte" Ernährung ist. Es ist wissenschaftlicher und anders als eine Ausbildung zum Ernährungsberater.)

mich geradezu mustergültig, glaubte man all diesen Ratgebern. Dennoch war mir im Winter so kalt, dass ich mein Bett neben die Heizung schob, um meine Gliedmaßen zwischen den Heizungssprossen wärmen zu können. Die Kraftlosigkeit brachte mich bereits um 19 Uhr übermüdet ins Bett. Irgendwann war auch an Joggen nicht mehr zu denken, weil die Beine schlapp waren. Meine Periode bekam ich bereits ein halbes Jahr nicht mehr.

Ich stand vor einem Problem. Meine Ernährung war scheinbar gesund. Ich war aber eindeutig zu dünn und fühlte mich alles andere als fit und gesund – dass meine Umwelt mich gleichzeitig für mein Aussehen lobte, zeigt aus meiner Sicht ein grundsätzliches Problem unserer Gesellschaft, bei der ein bereits ungesund dünnes Gewicht als attraktiv wahrgenommen wird. Also suchte ich den Rat von Experten. Ich besuchte eine Frauenärztin, einen Fitnesstrainer und eine Ernährungsberaterin und sagte: „Ich bin zu dünn. Ich möchte gerne gesund zunehmen. Wie geht das?" Die Antworten lauteten:

Fitnesstrainer: „Aber 47 Kilogramm sind doch für eine Frau in Ihrer Größe ein Top-Gewicht. Die Körperfettwaage zeigt neben jedem Parameter ein Plus an. Das heißt, Sie haben Top-Werte."

Ernährungsberaterin: „Sie müssen sich ab sofort jeden Tag etwas zu naschen gönnen. Erlauben Sie sich Süßigkeiten."

Frauenärztin: „Hier haben Sie ein Rezept für die Pille. Damit bekommen Sie Ihre Periode wieder."

Was nun?

Da war ich also. Ernährungswissenschaftlerin. Die Spezies Mensch, die sich eigentlich auskennen sollte. Aber aus Studium und von Beratern bekam ich keine echte Lösung. Es musste doch einen Weg geben, sich einfach gesund zu ernähren und dadurch fitter und kräftiger zu werden? Süßigkeiten zu essen konnte doch nicht der Weg für eine gesunde Zunahme sein? Nicht, dass ich mir das unbedingt verbieten mochte, aber sie schmeckten mir einfach nicht. Und Süßigkeiten lieferten ja nun wirklich keine essenziellen Nährstoffe. Wieso sollte ich also Schokoriegel essen müssen? Das konnte ja wohl auch nicht die finale Lösung sein. Aber die Ratschläge aus dem Studium brachten mich auch nicht weiter.

Bevor ich eine Lösung für mich fand, bahnte sich mein ausgelaugter Körper selbst einen Weg. Plötzlich bekam ich Hunger, wie ich ihn noch nie erlebt hatte. Es gab Catering in der Arbeit? Ich konnte nichts anderes mehr sehen, als die Warmhalteplatten mit Nudelgerichten, die belegten Brote und die Süßigkeitenschalen. Innerhalb kürzester Zeit entwickelte ich einen Appetit wie ein Staubsauger. Wenn Essen in der Nähe war, konnte ich keinen klaren Gedanken mehr fassen. Ich hatte Hunger und der wollte gestillt werden. Ich aß und aß. Morgens auf dem Weg in die Uni plünderte ich fast die Bäckerei. Immer hatte ich etwas zu essen in meiner Handtasche. Mein Hunger war so groß, dass ich ohne Proviant nicht das Haus zu verlassen wagte. Innerhalb kürzester Zeit nahm ich zu. Auf 52 Kilogramm. Auf 55 Kilogramm. Ich war glücklich, dass ich mich fitter fühlte und wieder etwas mehr auf den Rippen hatte. Ich nahm zu auf 60 Kilogramm. Aber ich konnte nicht mehr aufhören zu essen. Die Monate des Mangels hatten meinen Körper in absolute Panik versetzt. Heißhunger machte sich in mir breit, wie ich ihn noch nie erlebt hatte. Zucker, Weißmehl, Süßigkeiten. All das wollte ich. Rund um die Uhr.

Ich bekam Angst vor mir selbst, da ich das gefühlt nicht mehr unter Kontrolle hatte. Auch bei 60 Kilogramm blieb mein Gewicht nicht stehen. Innerhalb von nur sechs Monaten nahm ich 26 Kilogramm zu – von 47 Kilogramm auf 73 Kilogramm. Meine Umwelt reagierte mit Spott und Lästereien.

Mein Körper machte plötzlich Dinge, die ich nicht verstand. Meine Gedanken kreisten um Essen. Was gibt es als Nächstes? Was könnte ich noch probieren? Mir war das peinlich. Ich begann mich zu isolieren, weil ich nicht wollte, dass jemand mitbekam, wie viel ich aß. In gerademal einem Jahr hatte ich zwei extreme Seiten kennengelernt. Die absolute Askese und Untergewicht sowie den ständigen Heißhunger, Zuckersucht und unhaltbare Zunahme.

Es war mittlerweile 2011. Ich war Ernährungswissenschaftlerin. Ich hatte Hunger. Und so konnte es doch wirklich nicht weitergehen.

Lösung in Sicht

Ich erzähle diese sehr persönliche Geschichte, weil ich denke, dass du dich hier wiedererkennst. Haben auch bei dir Kommentare von Freunden oder Verwandten einen Einfluss gehabt, wie du dich selbst wahrnimmst? Wurde auch dir von der Umwelt eingetrichtert, dass dein Wert etwas mit deinem Gewicht zu tun hat? Hast du versucht, deinen Körper mit magerer, fettarmer, kalorienarmer Kost dünn zu machen? Kennst auch du das Gefühl, dass du keinen klaren Gedanken mehr fassen kannst, weil dein Körper einfach nur nach Essen ruft? Kennst du diese Hilflosigkeit?

Was ich damit sagen möchte: Ich kann dich verstehen. Ich war dort. Aber ich weiß, wie es „auf der anderen Seite" aussieht. In einem Leben, in dem fiese Kommentare und Bewertungen von anderen keine Rolle mehr spielen. In einer Welt, in der Essen schmeckt, aber auch weniger wichtig ist, weil man im Alltag nicht mehr daran denkt. In einer Welt, in der Heißhunger, Unkonzentriertheit und Launigkeit nicht mehr vorkommen. In einer Welt, in der dein Körper keine Panik mehr hat – weil er ganz wunderbar genährt ist und immer weiß „ich bin versorgt mit allem, was ich brauche". In einer Welt, in der du viel mehr Spaß am Essen haben wirst, weil es nicht dein Leben bestimmt, sondern bereichert, und in der du und dein Körper ein starkes Team seid.

Ich zeige dir den Weg, der mich in kürzester Zeit aus dieser Heißhunger-Spirale herausgeholt hat und mit dem ich in den letzten Jahren bereits einigen Tausenden Menschen helfen konnte.

Das Prinzip

Die ketogene Ernährung

Das Erlebnis zu Beginn meines Studiums brachte mich dazu, mich intensiv mit dem Thema zu befassen. Was braucht mein Körper wirklich? Welche Nährstoffe nähren ihn? Wie werde ich fit und kann ein gesundes Gewicht halten? Was kann ich aus der Ernährungswissenschaft für mich ableiten?

Bei den Recherchen zur Beantwortung meiner vielen Fragen kam ich zum ersten Mal mit der „Low Carb High Fat"-Ernährung, der ketogenen Ernährung (kurz „Keto"), in Kontakt.

Auf den ersten Blick widersprach die ketogene Ernährung all dem, was ich bisher für richtig gehalten hatte. Viel Fett? Es hieß doch immer „wenig Fett" sei richtig? Hatte ich etwa umsonst leckere Butter, aromatisches Olivenöl und knusprige Nüsse aus meinem Leben verbannt?

Je mehr ich mich mit der ketogenen Ernährung beschäftigte, desto mehr leuchtete dieses Prinzip auf wissenschaftlicher Ebene ein. Eine kohlenhydratarme Ernährung mit wenig Fett konnte schon in der Theorie nicht funktionieren. Die Tatsache, dass Fett in den Medien immer verteufelt wurde, hatte mich blind daran glauben lassen. Selbst die Professoren (die oft entweder kraftlos und untergewichtig, oder übergewichtig und müde vor uns standen) predigten fettarme Kost (außerdem viele Kohlenhydrate für Diabetiker ...).

Weil ich das Prinzip in der Theorie einleuchtend fand und ohnehin bereit war alles zu tun, um endlich den Heißhunger zu stoppen, wagte ich den Schritt. Ich besorgte mir eine Küchenwaage, um die benötigte Menge an Protein, Gemüse (Kohlenhydrate) und Fett festzustellen. Denn ich wollte genug essen. Richtig gelesen – ich beobachtete bei der Umstellung auf ketogene Ernährung die Menge an Eiweiß, Fett und Kohlenhydraten, um ausreichend Energie aufzunehmen. Die Vergangenheit hatte mich gelehrt, dass ein Mangel langfristig zu schlimmem Heißhunger führt, und so wollte ich meinem unstillbaren Hunger nun begegnen, indem ich meinem Körper ausreichend Fett, ausreichend Protein, ausreichend Mikronährstoffe und ausreichend Energie zuführte – keinesfalls zu wenig.

Die Mengen an Fett, die ich benötigte, um meinen Energiebedarf zu decken, waren mir zunächst ungeheuer. So konnte ich täglich mehrere Esslöffel Butter, ganze Avocados oder händeweise Nüsse verzehren (bei meinem täglichen Sportpensum hatte ich einen Bedarf von an die 2500 Kilokalorien). Mein Ziel war es keinesfalls abzunehmen, ich wünschte mir nur sehnlichst, endlich nicht mehr Opfer dieser Heißhungerattacken zu sein, um dann im zweiten Schritt zumindest nicht weiter zuzunehmen: Der Effekt setzte sofort ein – ich war wie ein neuer Mensch!

Kaum 14 Tage waren mit der neuen Ernährungsweise vergangen, da fiel mir auf, dass ich schon länger nicht mehr an's Essen gedacht hatte. Ein Gefühl, das ich seit sechs Monaten nicht mehr kannte. Eigentlich hatte sich die Gedankenmühle zum Thema Essen rund um die Uhr gedreht. Nun nahm ich wahr, dass ich bereits einige Stunden an meinem PC saß, meiner Arbeit nachging und nicht ans Essen gedacht hatte. Ich hatte mich noch nicht einmal damit beschäftigt, was ich am Abend zubereiten wollte. So kannte ich mich gar nicht mehr. Aber es fühlte sich gut an. So frei!

Begeistert von diesem Effekt machte ich einfach weiter. Von nun an war meine Ernährung reich an hochwertigen Fetten, sie enthielt deutlich weniger mageres Protein als zuvor und sie schmeckte so viel besser. Wer isst schon gerne trockene Hähnchenbrust mit trockenem Brokkoli? Meine neue Ernährung war vielfältig, aromatisch, überall umsetzbar und sie machte mich happy. Eineinhalb Jahre aß ich streng ketogen, bis ich mich sicher fühlte und der Heißhunger nie mehr zurückgekehrt war. Dann baute ich zeitweise wieder kohlenhydratreichere Phasen ein. Mittlerweile habe ich gelernt, meinem Körper sehr gut zuzuhören und weiß, wann er weniger, wann er mehr Kohlenhydrate benötigt.

Heißhunger kenne ich nicht mehr. Selbst, wenn ich mal ein Eis oder ein Stück Kuchen esse, dann reicht mir das und ich bekomme anschließend kein unbändiges Verlangen auf „mehr". Mittlerweile wiege ich 58 Kilogramm, also das, was ich in etwa immer vor diesem einen Jahr der „Extreme" gewogen habe. Aber ich fühle mich grundlegend anders. Selbstbewusst mit meiner Ernährung, nicht mehr unsicher. Weil mein Körper so ruhig und entspannt ist. Er hat stets alles, was er braucht, und kennt diese Panik von damals gar nicht mehr.

Nach meinem eigenen positiven Erlebnis mit der ketogenen Ernährung begann ich mich auf wissenschaftlicher Ebene damit zu beschäftigen. Ich spürte jede Studie zu diesem Thema auf und wollte wissen, warum genau die ketogene Ernährung so positiv wirkte und, ob das nur bei mir der Fall war. Meine Recherchen zeigten mir, dass die ketogene Ernährung noch viel mehr vermochte, als nur Heißhunger zu lindern.

Mein komplettes naturwissenschaftliches Interesse, mein ganzes Dasein als „Wissenschafts-Nerd" widmete ich nun dem Thema ketogene Ernährung. An der Uni besuchte ich Zusatzvorlesungen zum Thema Neurogenetik und Neurobiologie und arbeitete am Helmholtzzentrum in einer Gruppe, die an neurodegenerativen Erkrankungen forschte, da ich besonders den Zusammenhang zwischen Gehirn und ketogener Ernährung spannend fand.

Begeistert von der biochemischen Logik der Ernährung und verwundert darüber, dass sie selbst in Fachkreisen weitgehend unbekannt war, beschloss ich, meine Abschlussarbeit an der Uni darüber zu schreiben. Zu meiner Zeit wurde die ketogene Ernährung, besser gesagt die Ketose (das, was die ketogene Ernährung im Körper bewirkt – aber dazu später mehr) in den Vorlesungen nur auf einer Folie kurz erwähnt. Mittlerweile wird dem Thema Ketose und ketogene Ernährung an meiner Uni eine ganze Vorlesung gewidmet und ich freue mich über die wachsende Bekanntheit dieses Gebiets. Nach dem Abschluss 2014 gründete ich Foodpunk – damals ein Blog, auf dem ich die Wissenschaft der ketogenen Ernährung bekannter machen wollte. Schnell erreichten mich die ersten Coaching-Anfragen und so entwickelte ich Ernährungspläne, -programme und setze seither meine eigene Erfahrung, kombiniert mit dem ernährungswissenschaftlichen Wissen aus zahlreichen Studien und der Coaching-Arbeit, für andere Menschen um. So konnte ich bereits mehrere Tausend Menschen begleiten und habe nun ein kleines Team aus kompetenten Ernährungswissenschaftlern, Biochemikern und Lebensmitteltechnologen aufgebaut, die sich alle diesem Thema und der persönlichen Betreuung unserer Kunden widmen. Die Essenz daraus möchte ich dir mit dem Theorieteil und dem Keto-Kickstart in diesem Buch nahebringen.

Zehn Gründe für ketogene Ernährung

Die Keto-Ernährung hat zahlreiche Vorteile. Durch den Verzicht auf viele Kohlenhydrate wird der Stoffwechsel umgestellt. Der Körper lernt Fett und Ketonkörper als Energiequelle zu verwenden, statt Kohlenhydrate aus Brot und Zucker. Neben einer niedrigen Kohlenhydratmenge sind eine ausreichend hohe Fettmenge und eine nicht zu hohe Proteinmenge wichtig für das Gelingen der Keto-Ernährung.

Auch wenn dieses Buch nicht Platz für alle Vorteile der ketogenen Ernährung bietet (besonders im medizinischen Bereich ist die Forschung den vorteilhaften Wirkungen auf der Spur), erwähne ich nun die wichtigsten Punkte, die auch für dich interessant sind.

1. Keto vertreibt den Heißhunger

Wer so wie ich bereits einmal in der Heißhungerspirale gefangen war, der weiß, wie sehr solche Heißhungerattacken die Lebensqualität einschränken. Unabhängig da-

von, dass man sich nach dem Verzehr von Junk Food in großen Mengen nicht gut und fit fühlt, hinterlässt das Erlebnis ein Gefühl der Hilflosigkeit. Oft liegt dann der Gedanke nahe, es mangele an Disziplin und dieser bietet Nährboden für negative Selbstgespräche: „Jetzt habe ich es schon wieder nicht geschafft", „ich wollte doch nicht ...", „ich bin einfach zu schwach". Bist du nicht! Heißhungerattacken haben sehr wenig mit mangelnder Disziplin und viel mehr mit einem panischen Körper zu tun.

So wird Heißhunger zum Beispiel von einem zu stark schwankenden Blutzucker ausgelöst. Wer morgens beinahe pur Kohlenhydrate isst – sei es ein Marmeladenbrot, ein Teilchen vom Bäcker oder das vermeintlich gesunde Müsli (im schlimmsten Fall mit Magermilch) – der erlebt einen schnell steigenden Blutzuckerspiegel, der viel Insulin lockt. Dieses Insulin treibt den Zucker in die Zellen, was den Blutzuckerspiegel senkt. Er sinkt unter seinen Ausgangswert und der niedrige Blutzucker vermittelt dem Gehirn: „Hunger". Der Kopf schreit nach Kohlenhydraten und schon wandert in der kurzen Pause am Vormittag ein Schokoriegel zwischen die Zähne. Je mehr und je öfter schnelle Kohlenhydrate verzehrt werden, desto stärker werden die Blutzuckerschwankungen. Blutzucker und Insulin fahren regelrecht Achterbahn. Langfristig führt das zu einer ständigen Hab-Acht-Stellung des Körpers. Essen wird zum ständigen Begleiter in Gedanken.

Ein weiterer Faktor, der langfristig starken Heißhunger auslösen kann, ist eine Mangelernährung. Da gibt es klassische Mangelernährungen, etwa wenn man kein Gemüse und damit keine Mikronährstoffe isst. Dass eine Ernährung aus Brötchen am Morgen, Pasta mittags und Pizza abends nicht gesund ist, wissen die meisten von uns.

Aber es gibt auch vermeintlich gesunde Ernährungsweisen, die in Wahrheit aber Mangel verursachen und Heißhunger schüren. Das beste Beispiel dafür ist die Bodybuilder-Ernährung. Hier wird auf viel Protein gesetzt, Fett wird stark reduziert und Kohlenhydrate spielen mal mehr oder weniger eine Rolle. Besonders fatal wird es, wenn Protein die Hauptnahrungsquelle wird und sowohl Fett als auch Kohlenhydrate stark eingeschränkt werden. Diese Art der Ernährung ist längst nicht mehr auf Extremsportler im Bodybuilder-Bereich beschränkt. Alle gängigen Frauen- und Mainstream-Fitness-Zeitschriften posaunen es wie Spatzen von den Dächern „15 Rezepte ohne Fett", „die besten mageren Proteinquellen". Wer Protein aber als Sattmacher isst, braucht locker 200 Gramm und mehr davon pro Tag. Selbst mit 200 Gramm reinem Protein (was beinahe einem Kilogramm Hähnchenbrust entspricht) hat man nur 800 Kilokalorien aufgenommen. Auch wenn da noch ein Esslöffel Fett ran darf oder eine Handvoll Kohlenhydrate verzehrt wird, gelangt man selten über 1200 bis 1400 Kilokalorien pro Tag. Viel zu wenig für einen erwachsenen Menschen! Fast alle Diäten in Frauenzeitschriften basieren auf viel zu wenig Kalorien und zu viel Protein. Heißhunger ist vorprogrammiert.

In Fachkreisen ist die sogenannte „rabbit starvation" (Kaninchenhunger) eine bekannte Form der Mangelernährung, die entsteht, wenn vor allem mageres Fleisch (zum Beispiel Kaninchenfleisch, daher der Name) verzehrt wird. Symptome sind Heißhunger, Durchfall, Blähbauch, niedriger Blutdruck, Unwohlsein und sogar Amenorrhö (das Ausbleiben der Periode). Nicht zu fassen, dass zahlreiche Sportler und junge Frauen sich dieser Ernährungsform freiwillig unterziehen.

Ein Mangel an Energie oder Nährstoffen verursacht Panik im Körper. Er ist die Ursache für den bekannten Jo-Jo-Effekt nach einer Diät (wenn diese, wie so häufig, eine Mangelernährung ist). Der Mangel im Körper macht uns empfänglich für Signale von außen. Jede Werbung für Süßigkeiten trifft uns doppelt so hart, jeder Duft vom Bäcker lockt noch unwiderstehlicher. Unser Körper schärft seine Sinne für jede Art der schnellen Nahrungsaufnahme.

Die ketogene Ernährung ist anders. Im Gegensatz zur landläufigen Meinung enthält sie nicht überaus viel Fleisch. Stattdessen wird nur genauso viel Protein verzehrt, wie der Körper für den täglichen Bedarf benötigt, zum Beispiel zum Erhalt der Muskulatur. Dazu kommen gute Mengen an Gemüse – in einer richtig zusammengesetzten ketogenen Ernährung spielt farbenfrohes Gemüse stets die Hauptrolle auf dem Teller. Der entscheidende Faktor ist die ausreichende Menge Fett. Es wird genauso viel hochwertiges Fett verzehrt, dass der Energiebedarf des Körpers ausreichend gedeckt ist. Fett verlangsamt die Verdauung, erhöht die Sättigung und ist zudem wichtiger Ausgangsstoff für unsere Geschlechtshormone.

Nach einer ketogenen Mahlzeit steigt der Blutzuckerspiegel nur minimal an. Dadurch fällt die Insulinreaktion gering aus und es kommt zu keiner Blutzuckerachterbahn.

Auch die Ketonkörper – kleine Moleküle, die bei der ketogenen Ernährung nach ein paar Tagen gebildet werden – haben eine sättigende Wirkung. Fast jeder berichtet nach dem Umstieg auf ketogene Ernährung von einer viel besseren Sättigung. Heißhunger scheint wie weggefegt. Plötzlich denkt man zwischen den Mahlzeiten nicht mehr ans Essen und sowohl Werbung als auch der Geruch von Imbissbuden triggern keinen Heißhunger mehr. Viele Menschen fühlen sich wie befreit.

2. Keto maximiert die Fettverbrennung

Die niedrigen Blutzuckerschwankungen bei der ketogenen Ernährung ermöglichen eine aktive Fettverbrennung rund um die Uhr. Insulin ist der Gegenspieler der Fettverbrennung. Ist das Insulin hoch (verursacht durch einen hohen Blutzuckerspiegel) bleiben die Fettzellen verschlossen. Das Insulin stellt sich wie ein Türsteher davor. Erst wenn der Insulinspiegel abnimmt, können Fettsäuren aus den Fettzellen herausgeholt und verbrannt werden. Bei einer klassischen Ernährung ist das nur zu bestimmten Zeitpunkten am Tag der Fall. Denn nach einer kohlenhydratreichen Mahlzeit ist der Insulinspiegel hoch. Die Fettverbrennung ist darum blockiert. Erst wenn die Mahlzeit verdaut und alle Kohlenhydrate verbraucht oder eingelagert wurden, sinkt der Insulinspiegel wieder und die Fettverbrennung läuft an. Vorausgesetzt, wir haben dann nicht bereits den nächsten Snack intus.

Die kohlenhydratarmen Mahlzeiten der Keto-Ernährung unterbrechen die Fettverbrennung nicht. Sie läuft nahezu 24 Stunden täglich und wird auf diese Weise immer besser trainiert. „Trainiert“ bedeutet, dass spezielle Enzyme, die für den Fettabbau nötig sind, vermehrt gebildet werden. Die kleine Mannschaft in deinem Körper, die sich um den Fettabbau kümmert, bekommt immer mehr Unterstützung. Selbst wenn du nach einer ketogenen Phase wieder auf eine kohlenhydratreichere Ernährung umstellst, bleibt dieser Effekt eine Zeit lang erhalten und du profitierst weiterhin von einer besser trainierten Fettverbrennung.
Beobachtungen zeigen zudem, dass bei ketogener Ernährung vor allem das ungesunde Bauchfett abgebaut wird, das so viele Übergewichtige aufweisen. An fast allen Stellen des Körpers dient das Unterhautfettgewebe (das subkutane Fett) als Speicherort für überschüssige Energie. Auch am Bauch haben wir subkutanes Fett, jedoch deutet ein dicker Bauch darauf hin, dass sich auch viel Fett zwischen den Organen im Bauchraum eingelagert hat. Dieses sogenannte Viszeralfett ist besonders hormonaktiv und setzt eine Vielzahl an Botenstoffen frei, darunter sehr viele Entzündungsfaktoren. Zu hohe Mengen an Bauchfett bringen den Körper daher in einen dauerhaften Zustand der entzündlichen Alarmbereitschaft und können Atherosklerose und in Folge Herzinfarkt und Schlaganfall fördern.

3. Keto liefert Brain Power

Bereits weiter vorne wurden die Ketonkörper erwähnt. Diese speziellen Moleküle werden bei der ketogenen Ernährung in der Leber gebildet. Jetzt kommt das Besondere, der Punkt der die ketogene Ernährung von allen anderen Ernährungsweisen am meisten unterscheidet: Diese Ketonkörper sind eine Energiequelle für das Gehirn. Du hast bisher gedacht, das Gehirn braucht zwingend Zucker? Dann gehörst du zur Mehrheit, denn sogar viele Ernährungswissenschaftler (auch Professoren) hängen diesem Glauben an. Das liegt daran, dass die Ketose und die Bildung (und Verwertung) von Ketonkörpern in der Standardliteratur maximal am Rande erwähnt wird.

Wäre es aber tatsächlich so, dass das Gehirn allein von Zucker (Glukose) leben könnte, hätte es die Spezies Mensch vermutlich nicht bis hierhin geschafft. Denn immer wieder waren unsere Vorfahren Zeiten der Nahrungsknappheit ausgesetzt. Du möchtest jetzt vielleicht entgegnen: „Ja, aber dazu gibt es die Gluconeogenese, die Neubildung von Glukose aus Protein“, und da hast du recht. Aber nur zum Teil. Würde der Mensch zum Beispiel in einer Dürreperiode mehrere Wochen die Energie für das Gehirn aus Protein gewinnen, also aus der Muskulatur, dann hätte er in kürzester Zeit so viel Muskelmasse verloren, dass er kaum mehr einem Tier hinterherjagen könnte, wenn ihm eins begegnete.

Für diese Zeiten hat das Gehirn also einen wunderbaren Mechanismus entwickelt. Wenn über längere Strecken wenig Kohlenhydrate zur Verfügung stehen, schaltet der Körper auf Ketogenese. Dann werden Ketonkörper gebildet, die das Gehirn mit Energie versorgen. Auf diese Weise wird der Mechanismus der Gluconeogenese nicht überstrapaziert und wertvolle

Muskelmasse bleibt erhalten. Entstehen Ketonkörper also nur in Zeiten des Mangels? Keineswegs. Unsere Vorfahren, die nicht drei- bis sechsmal am Tag Kohlenhydrate verzehrt haben, hatten womöglich regelmäßig, sogar täglich ein paar Ketonkörper in ihrem Blut. Auch Menschen, die sich sehr kohlenhydratreich ernähren, bilden mit allerhöchster Wahrscheinlichkeit nachts den ein oder anderen Ketonkörper.

Die Ketonkörper sind aber viel mehr als nur Retter in der Not: Sie verhelfen deinem Gehirn zu wahrer Superpower. Sie werden aus Fett gebildet und das hat jeder stets auf der Hüfte parat. Vorbei sind also die Konzentrationslöcher am Vormittag, die nur mit einem kleinen Snack, einem Bonbon oder einem zweiten Frühstück bekämpft werden können. Sag adieu zu Suppenkoma und Nachmittagstief. Dein Gehirn ist während der ketogenen Ernährung den ganzen Tag über einsatzbereit, ohne Schwankungen. Denn fortan hat es seine Energieversorgung immer dabei.

Neben der steten Verfügbarkeit sind Ketonkörper sogar ein effektiverer Treibstoff als Glukose. Für dieselbe Menge Energie wird bei der Verwendung von Ketonkörpern weniger Sauerstoff benötigt. Darum wird die ketogene Ernährung unter anderem auch als Hilfsmittel für Tiefseetaucher erforscht, die Gefahr laufen, einen Schlaganfall in Folge von Sauerstoffmangel zu erleiden.

4. Keto ermöglicht mühelose Abnahme

Kein Heißhunger mehr und eine aktive Fettverbrennung. Dies sind die zwei wichtigsten Mechanismen, die bei ketogener Ernährung eine spielend leichte Abnahme ermöglichen. Du kannst nun deine Mahlzeit essen und bist danach angenehm gesättigt. Die Fettverbrennung kann nahtlos weiterlaufen, bis zur nächsten Mahlzeit. Dazwischen ist kein Snack mehr nötig und so isst du ganz unbewusst nicht mehr, als du benötigst.

Wenn du einen Blick in den Rezeptteil dieses Buches wirfst, wirst du außerdem sehen, dass bei all den Leckereien kein Wunsch offen bleibt. Wenn du deinen Stoffwechsel erst mal umgestellt hast, sind sogar ketogene Naschereien – seien es Eis, Kuchen oder Schokolade – kein Problem.

Für mich als Wissenschafts-Fan ist besonders spannend, dass die ketogene Ernährung eine spezielle Art des Fettgewebes fördert, das sogenannte braune Fettgewebe. Es handelt sich dabei um das einzige Fettgewebe, von dem mehr besser ist. Beim Menschen besitzen vor allem Säuglinge diese spezielle Art des Fettgewebes. Beim Erwachsenen tritt es nur in kleinen Mengen auf. Dieses Fettgewebe speichert kein Fett (wie du es zum Beispiel vom Fettgewebe an der Hüfte oder am Bauch kennst). Stattdessen verbrennt es Fett und produziert Wärme, es betreibt die sogenannte Thermogenese. In Untersuchungen an Mäusen konnte man feststellen, dass die ketogene Ernährung den Gehalt an Mitochondrien, das sind die Kraftwerke der Zelle, im braunen Fettgewebe erhöht. Unter anderem durch diesen Mechanismus ist der Energieverbrauch bei einer ketogenen Ernährung leicht gesteigert. Du wirst das etwa im Winter bemerken, wenn du deutlich weniger frierst und dich über kalte Füße beklagst.

5. Keto trainiert den Stoffwechsel

Das Schöne an der ketogenen Ernährung ist, dass sie nicht nur dann wirkungsvoll ist, wenn du sie ab sofort ein Leben lang durchziehen willst. Das ist noch nicht einmal die sinnvollste Strategie (außer du folgst der ketogenen Ernährung aufgrund einer Erkrankung). Wenn du Keto aus „Lifestyle"-Gründen machst, weil du dich einfach besser fühlen willst, schlanker und fitter sein möchtest, dann setzt du die ketogene Ernährung am besten als Tool ein, mit dem du deinen Stoffwechsel immer wieder trainierst. Ich selbst zum Beispiel folge mittlerweile einer zyklisch ketogenen Ernährung, in der ich phasenweise streng ketogen esse (etwa wenn ich besonders leistungsfähig sein möchte, beispielsweise während der Schreibarbeit an diesem Buch) und phasenweise etwas mehr Kohlenhydrate esse (zum Beispiel wenn ich beruflich viel mit Geschäftspartnern esse oder auf Reisen bin).

Um diese metabolische Flexibilität zu erreichen, braucht es zu Beginn eine längere ketogene Phase (am allerbesten drei Monate, aber auch 21 Tage sind bereits für die erste Umstellung ausreichend), anschließend kannst du die Kohlenhydratzufuhr für einzelne Tage oder wochenweise etwas erhöhen. Idealerweise begleitet dich die ketogene Ernährung danach langfristig. Mit ketogenen Wochen oder Tagen erhältst du die Flexibilität deines Stoffwechsels aufrecht. Wie das konkret aussieht, besprechen wir im Abschnitt „Tag 22 – wie geht es jetzt weiter" auf Seite 70f.

Mit diesem Training wird dein Körper zu einem ultimativen Hybridmotor und lernt, sowohl mit Fett als Energiequelle als auch mit moderaten Kohlenhydratmengen gut klarzukommen, ohne dabei Heißhunger oder Leistungsverlust zu erleben. Das nennt sich metabolische Flexibilität.

6. Keto macht gute Laune

Viele Menschen berichten bei einer Umstellung auf ketogene Ernährung über eine viel bessere Laune. Sie beschreiben sich als ausgeglichener und positiver gestimmt. Woran mag das liegen? Zweifelsohne hat allein die mentale Entspannung einen Effekt, die mit dieser Ernährung einhergeht. Wer sich

Ketogene Ernährung dämmt Entzündungen ein

Eine zentrale Rolle im Entzündungsgeschehen spielt der Transkriptionsfaktor NF-κB (sprich „NF-kappaB"). Er reguliert einige Gene, die für die Bildung von Enzymen und Botenstoffen der Immunantwort verantwortlich sind. Die Aktivität von NF-κB verstärkt so die Bildung von Botenstoffen, die Immunzellen stimulieren und so Entzündungen fördern. Die ketogene Ernährung scheint den Transkriptionsfaktor NF-κB zu hemmen und so ihre entzündungshemmende Wirkung zu entfalten.

Die Wirkung auf die Beschwerden bei Autoimmunkrankheiten wird dann schlüssig, wenn man bedenkt, dass es sich hierbei um chronisch entzündliche Erkrankungen handelt. In der Medizin wird über Medikamente (TNF-Hemmer) ebenfalls die Aktivität von NF-κB reduziert. Ein bekanntes Beispiel ist der TNF-Hemmer Adalimumab, der bei Morbus Crohn zum Einsatz kommt.

Ein weiterer Ursprung der antientzündlichen Wirkung der ketogenen Ernährung kann in der hohen Fettaufnahme begründet sein. Wenn die Fettzufuhr in der Keto-Ernährung richtig zusammengesetzt ist, wird auch eine erhöhte Menge an anti-entzündlichen mehrfach ungesättigten Fettsäuren (Omega-3) aufgenommen. Diese können über die Bindung an spezielle Rezeptoren (PPARs) Entzündungsreaktionen verringern. Auch dieser Effekt scheint über eine Wirkung auf NF-κB zustande zu kommen.

plötzlich frei von Heißhunger, Nachmittagstiefs und Konzentrationslöchern sieht, kann den Tag entspannter und selbstbewusster angehen. Das Energielevel steigt und hebt die Stimmung – aber das ist nicht alles.

Aus der medizinischen Forschung ist bekannt, dass die ketogene Ernährung auch einen Einfluss auf Botenstoffe im Gehirn hat. So verschiebt sie das Verhältnis der Neurotransmitter Glutamat und GABA (Glutamat wirkt erregend, GABA, die gamma-Aminobuttersäure, hemmend). Eine vorteilhafte Verschiebung dieses Verhältnisses wird als eine Ursache für die positive Wirkung der ketogenen Ernährung bei Epilepsie und neurodegenerativen Erkrankungen gesehen. Auch eine Beeinflussung der Stimmung ist auf diesem Wege denkbar.

Dem Botenstoff GABA wird eine entspannende, schlaffördernde, angstlösende und antidepressive Wirkung zugeschrieben. Auch Medikamente gegen Depression, Schlaf- und Angststörungen haben einen Einfluss auf den GABA-Haushalt, wenn auch in einem anderen Maßstab als die ketogene Ernährung.

7. Keto lässt die Haut strahlen

Oft starten meine Klienten eine ketogene Ernährung, weil sie Gewicht verlieren möchten. Wahrscheinlich liest auch du aus diesem Grund dieses Buch. Wenn ich nach der Umstellung dann um Feedback bitte, höre ich häufig eine ganze Reihe an positiven Ergebnissen. Besserer Schlaf, mehr Entspanntheit im Alltag, weniger Kopfschmerzen und ganz am Ende „nebenbei" ein toller Gewichtsverlust. Eine ketogene Ernährung verbessert das Wohlbefinden rundherum, sodass das eigentliche Ziel – die Gewichtsabnahme – nur mehr eine angenehme Nebenerscheinung ist.

Ein weiterer positiver Aspekt der Keto-Ernährung ist die antiinflammatorische (antientzündliche) Wirkung, die sich unter anderem in einem besseren Hautbild beobachten lässt. Auch von Linderung der Beschwerden bei Autoimmunkrankheiten wird von Betroffenen berichtet. Näheres zu der antientzündlichen Wirkung der ketogenen Ernährung steht im grünen Kasten hier auf der linken Seite.

8. Keto verlangsamt Alterungsprozesse

Ein Steak auf dem Teller muss schön angebräunt sein und Röstaromen verströmen? Verantwortlich für die Farbe und das typische Aroma ist die sogenannte Maillard-Reaktion. Dabei verbindet sich unter Hitzeeinwirkung eine Aminosäure (Aminosäuren sind Bausteine der Proteine) mit einem Zuckermolekül (Glykierung).
Warum ich das erwähne? Weil die Maillard-Reaktion auch in unserem Körper stattfinden kann. Zwar nicht so schnell, wie in einer hundert Grad heißen Pfanne, aber dennoch können sich auch in unserem Körper Aminosäuren und Zuckermoleküle verbinden, wobei sogenannte AGEs entstehen. Reichern sich diese über die Zeit im Blutkreislauf an, kann es zur Schädigung von Zellen und Geweben kommen. Ein bekannter Vertreter dieser AGEs ist das Hba1c, der jedem Diabetiker als „Langzeitzucker" bekannt ist. Es handelt sich hierbei um das Hämoglobin, das sich mit Zuckermolekülen verbunden hat. Es ist zum einen ein Maß dafür, wie hoch die Blutzuckerwerte in den vergangenen 12 Wochen waren, zeigt aber auch stellvertretend, wie stark diese Reaktion aus Zucker und Aminosäuren auch an anderer Stelle im Körper stattgefunden haben kann.

Während diese Vorgänge im Körper stattfinden und von uns (leider) oft wenig Beachtung bekommen („wird mich schon nicht betreffen"), ist die mit AGEs in Zusammenhang stehende Hautalterung äußerlich sichtbar und oft die erste Tankstandsanzeige der Alterungsprozesse, die auch unbemerkt im Körper stattfinden.

Durch den positiven Effekt auf den Blutzuckerspiegel und durch die Tatsache, dass die ketogene Ernährung auch bei Diabetikern den Blutzuckerspiegel langfristig reduzieren kann, wirkt sie stark gegen die Bildung von AGEs und verlangsamt die damit in Verbindung stehenden Alterungsprozesse.

Glykierungsreaktionen gefallen uns vielleicht beim Rösten von Kaffee oder beim Braten von Steak. In unserem Körper sollten sie hingegen keine große Rolle spielen.

9. Keto steigert die Ausdauer

Als ich damals auf die ketogene Ernährung umgestellt hatte, habe ich vor allem und sehr gerne Kraftsport betrieben. Ich war zwar meist auch morgens joggen, aber nur für 30 Minuten. Ein Fan von längeren Strecken war ich nie. Umso erstaunter war ich, als ich eines Tages einfach loslief und nach 90 Minuten immer noch nicht erschöpft war. Meine Ausdauer schien wie magisch gesteigert. Erst mit meinen späteren Recherchen zur ketogenen Ernährung verstand ich den dahinterliegenden Mechanismus.

Durch das Training des Fettstoffwechsels kann der Körper beim (aeroben) Ausdauersport ab Minute eins auf seine Fettreserven als Energieträger zurückgreifen. Wenn man sich hingegen kohlenhydratreich ernährt, versucht der Körper als Erstes den in der Muskulatur und in der Leber gespeicherten Zucker als Energieträger zu verwenden. Geht dieser Speicher zur Neige, wird man schlapp. Ausdauersportler bezeichnen dieses Phänomen als „Bonking" oder „hitting the wall/the bonk". Sie fühlen sich, als würden sie gegen eine Wand laufen. Um das zu vermeiden, werden isotonische Getränke und kohlenhydratreiche Gels verzehrt.

Ein ketoadaptierter Körper braucht diese Zuckerlieferanten von außen nicht. Er kann spielend leicht auf seine eigenen Fettreserven zurückgreifen. Ausdauersportler, die unter ketogener Ernährung trainieren und auf diese Weise einen sehr gut trainierten Fettstoffwechsel erreichen, können länger ohne Kohlenhydratzufuhr laufen und erreichen so bessere Ergebnisse. Viele Keto-Sportler trainieren nüchtern und benötigen für unterwegs lediglich Wasser ohne Kohlensäure, manchmal nur mit etwas Salz. Im (anaeroben) Kraftsportbereich dauert die Gewöhnung an die ketogene Ernährung etwas länger als im Ausdauerbereich. Kraftsportler tun sich in der Regel anfangs deutlich schwerer, verspüren aber auch nach der langfristigen Umstellung (drei bis sechs Monate) eine Leistungssteigerung unter ketogener Ernährung.

10. Keto verbessert die Gesundheit

Da dieses Buch sich vor allem an all diejenigen richtet, die gerne abnehmen möchten, können die gesundheitlichen Effekte der ketogenen Ernährung nur kurz erwähnt werden. Dennoch hoffe ich, dass dich die Vorteile der ketogenen Ernährung, wie verbesserter Schlaf, besseres Hautbild und vor allem besseres Wohlbefinden, überzeugen und bei dieser Ernährungsweise halten. Viel zu oft beeinträchtigen unausgewogene und schlecht konzipierte Diäten die Gesundheit der Abnehmwilligen. Bei der ketogenen Ernährung hingegen gehen Gewichtsreduktion und verbesserte Gesundheit Hand in Hand. Ein gesunder Körper lässt freiwillig überschüssige Fettreserven gehen. Die gesundheitlichen Effekte der ketogenen Ernährung sind zudem verblüffend.

Nervensystem In der Medizin wird die ketogene Ernährung seit über 100 Jahren erfolgreich für die Behandlung von Epilepsie im Kindesalter eingesetzt. In jüngeren Jahren beschäftigt sich die Forschung gespannt mit den vorteilhaften Effekten der ketogenen Ernährung auf neurodegenerative Erkrankungen wie Alzheimer, Parkinson oder multiple Sklerose.

Metabolisches Syndrom Aber auch abseits der zuvor genannten Erkrankungen hat die ketogene Ernährung einen gesundheitlich positiven Effekt. Vermutlich kennt jeder von uns jemanden, der an hohem Blutzucker, zu hohem Blutdruck oder zu hohem Cholesterinspiegel leidet. All dies ist Teil des sogenannten metabolischen Syndroms, auch das tödliche Quartett genannt. In Industrienationen sind bis zu 30 Prozent der Gesamtbevölkerung vom metabolischen Syndrom betroffen. Es wird neben dem Rauchen als entscheidender Risikofaktor für Herz-Kreislauf-Erkrankungen gesehen. Gestörte Glukosetoleranz, Diabetes Typ 2, Insulinresistenz, erhöhter Blutdruck, Fettstoffwechselstörung (erhöhte Triglyzeride, erniedrigtes HDL) und Fettleibigkeit in der Bauchregion sind Teil des metabolischen Syndroms. Spannenderweise lassen sich all diese Faktoren durch die Änderung des Lebensstils beeinflussen. Die ketogene Ernährung greift an allen diesen Punkten an und kann sie deutlich verbessern.

Bluthochdruck Die Keto-Ernährung wirkt schon kurz nach der Umstellung blutdrucksenkend. Hintergrund ist unter anderem die höhere Ausscheidung von Natrium. Der erniedrigte Blutdruck kann allerdings beim gesunden Menschen bei anfänglicher Umstellung auf ketogene Ernährung zu Müdigkeit, Kopfweh und sogar Schwindel führen. Um diesen Symptomen entgegenzuwirken, empfehle ich eine gesteigerte Salzzufuhr, wie ich es auf den Seiten 56 und 69 dieses Buches näher erläutere. Für Menschen, die zuvor an Bluthochdruck litten, ist die Absenkung des Blutdrucks ein willkommener Vorgang.

Diabetes Positiv wirkt die ketogene Ernährung auch auf viele Formen eines gestörten Kohlenhydratstoffwechsels. So wird der erhöhte Blutzucker bei Typ-2-Diabetikern schon nach kurzer Zeit der Umstellung verbessert, sodass sich häufig relativ früh in Absprache mit dem Arzt blutzuckersenkende Medikamente reduzieren lassen. Eine Insulinresistenz, die im Anfangsstadium noch reversibel ist, lässt sich durch langfristig kohlenhydratarme Ernährung bessern und teils ganz aufheben. Die gleichmäßige und sehr geringe Zufuhr an Kohlenhydraten entlastet die Bauchspeicheldrüse und ihre Insulinproduktion.

Bauchfett Die ketogene Ernährung ermöglicht eine leichte Fettverbrennung, die bei Anhängern der Keto-Ernährung besonders effektiv gegen das ungesunde Bauchfett wirkt. Dieses viszerale Fett ist eine treibende Kraft beim Entzündungsgeschehen des metabolischen Syndroms. Ein Übermaß an Fett im Bauchraum begünstigt Diabetes, Bluthochdruck, Herzinfarkt und Schlaganfall. Das Ausmaß des ungesunden Bauchfetts kann man über den Bauchumfang abschätzen. Ein Bauchumfang von über 102 Zentimeter beim Mann und über 88 Zentimeter bei der Frau gilt als Risikofaktor. Durch die antientzündliche Wirkung, die positive Wirkung auf das Hormongleichgewicht und die schnelle Fettverbrennung kann die ketogene Ernährung das Bauchfett besonders gut abbauen. Durch die Reduktion des Bauchfetts wirkt die ketogene Ernährung übrigens auch langfristig blutdrucksenkend.

Cholesterin Spannend ist auch die Tatsache, dass eine richtig zusammengesetzte Keto-Ernährung mit den richtigen hochwertigen Fetten, die Triglyzeride zu senken und das gute HDL-Cholesterin zu erhöhen vermag. Wichtig ist dabei eine gute Balance zwischen gesättigten Fetten als Energiequelle, mittelkettigen gesättigten Fetten, wie sie in Kokosöl und insbesondere MCT-Öl vorkommen, und hochwertigen einfach und mehrfach ungesättigten Fettsäuren beispielsweise aus Olivenöl und fettem Seefisch.

Die ketogene Ernährung erhöht in der Regel das gute HDL-Cholesterin. Gleichzeitig verbessert sie das Verhältnis von LDL- zu HDL-Cholesterin. Dieses Verhältnis ist ein wichtiger Wert für die Beurteilung, ob der Fettstoffwechsel gesund ist, und sollte unter 3,5 (LDL : HDL) betragen.

Anders als die kohlenhydratarme ketogene Ernährung kann eine extrem kohlenhydratreiche Diät unsere Plasmatriglyzeride erhöhen und das HDL senken. Dies ist vor allem bei extrem fettarmen Diäten häufig zu beobachten. Paradox – man meint es gut mit „wenig Fett“, erreicht aber damit das Umgekehrte und verschlechtert die Blutfettwerte. Besonders die Aufnahme an Fruktose in hohen Maßen (zum Beispiel durch den Verzehr von vielen Fertigprodukten, Fruchtsäften oder beim Saft-Fasten) ist zu hinterfragen. Außerdem wurde gezeigt, dass ketogene Diäten eine Verschiebung zugunsten der größeren, fluffigen LDL-Partikel bewirken. LDL gibt es in verschiedenen Größen und die fluffigeren Varianten sind vorteilhafter als die kleineren, dichteren LDL-Partikel.

Einen sehr ausführlichen Artikel zu Cholesterin findest du auf www.foodpunk.de/keto-kickstart. Übrigens: Transfettsäuren aus Fertiggerichten, Margarine und Junk Food wirken sich immer negativ auf den Cholesterinspiegel aus.

Atherosklerose Ebenso hat die antientzündliche Wirkung der Keto-Ernährung einen schützenden Effekt auf das Herz-Kreislauf-System. Denn erst wenn die Gefäßwände verletzt und entzündet sind, können sich Plaques ablagern und Atherosklerose verursachen. Durch die ketogene Ernährung wird das Entzündungsgeschehen gedrosselt und das Risiko vermindert.

Erfolgsgeschichte von Silke

Silke war seit über zehn Jahren von Schmerzen durch Fibromyalgie geplagt und litt zudem unter der Schilddrüsenerkrankung Hashimoto. Mit ketogener Ernährung geht es ihr endlich besser:

„Mittlerweile wechsle ich zwischen ketogen und ‚Low Carb' und fühle mich bestens. Meine Schmerzen sind komplett verschwunden, ich betätige mich wöchentlich, mehrfach bei unterschiedlichen körperlichen Herausforderungen im Fitnessstudio (Faszientraining, Spinning, Langhantel- und Kurzhanteltraining etc.).

Ich kann auch das ‚Fühlen wie ein Duracell-Hase' nur unterstreichen. Keine tägliche Müdigkeit nach dem Essen, auch das Schlappfühlen zwischendurch ist komplett ad acta gelegt. Auch das nächtliche Schlafen bereitet mir keine Probleme mehr.

Letzte Untersuchungen bei einem Facharzt für Schilddrüsenerkrankungen haben ergeben, dass alle Werte: ‚besser nicht sein könnten'. Alle Werte sind im Normalbereich, sodass ich keine Medikamente mehr nehmen muss.

Hätte ich schon früher gewusst, was die richtige Ernährung gesundheitlich ausmacht, wären mir viele Jahre der Qual erspart geblieben. Zu erwähnen ist auch noch, dass mich keiner der vielen von mir aufgesuchten Ärzte auf die Ernährung angesprochen hat.

Nicht zu verschweigen, aber für mich eigentlich nur ein toller Nebeneffekt der ketogenen Ernährung ist, dass ich gut 20 Kilogramm abgenommen habe und mittlerweile mein Wunschgewicht schon lange Zeit halte. So habe ich meine Kleidung von früher wieder aus dem Schrank holen und die großen Klamotten entsorgen können."

Hintergrundwissen

Nun aber mal ganz langsam: Einige der vielen Vorteile der ketogenen Ernährung und der Ketose kennst du jetzt schon. Aber was ist eigentlich eine Ketose und worin besteht ihr Unterschied zur ketogenen Ernährung? In diesem Kapitel kannst du Fachwissen tanken.

Um alles gut zu verstehen, erkläre ich nachfolgend Wichtiges im Detail.

Was ist Ketose?

Die Ketose ist ein bestimmter Stoffwechselzustand. Definiert wird er dadurch, dass bestimmte Moleküle – die Ketonkörper – stärker im Blut vorkommen als sonst (also über dem Normwert liegen).

Viel sagt das noch nicht aus. Denn was ist der Normwert? Der Normwert ist der Wert, den ein Otto-Normal-Durchschnitts-Esser hat, wenn er nicht gerade für längere Zeit fastet oder auf Kohlenhydrate verzichtet. Unser Otto-Normal-Durchschnitts-Esser hatte wahrscheinlich gerade vor einer Stunde ein Käsesandwich und eben noch einen Schokoriegel. Er isst etwa drei- bis sechsmal am Tag und fastet sogar täglich, nämlich dann, wenn er schläft.

So ein Otto-Normal-Durchschnitts-Esser hat eine Ketonkörperkonzentration im Blut von weniger als 0,1 mmol pro Liter. Das ist also der Normwert, und wenn man diesen Wert im Blut hat, dann ist man nicht in Ketose. Befindet sich ein Mensch in Ketose, liegen die Werte meist zwischen 2 bis 5 mmol/l. Dies ist absolut physiolo-

Ketose

Ketose ist ein Stoffwechselzustand, bei dem die Konzentration der Ketonkörper im Blut über den Normwert erhöht ist.

< 0,2 mmol/l	keine Ketose (= Normwert)
0,2–0,5 mmol/l	leichte Ketose
0,5–3,0 mmol/l	Ketose (erreichbar durch ketogene Ernährung)
3,0–6,0 mmol/l	Ketose (erreichbar durch strenge ketogene Ernährung, Fasten oder Zusatz von MCT-Öl)

gisch, also ein gesunder Zustand. Mol und mmol (Millimol) sind übrigens Maßeinheiten für Chemiker, ähnlich wie Kilogramm und Gramm für Köche.

Was ist ketogene Ernährung?

Eine ketogene Ernährung ist eine Ernährung, die Ketose hervorruft. Das ist ihr einziger Zweck. Die ketogene Ernährung wird nicht dadurch definiert, wie viele Kohlenhydrate sie enthält, sondern einzig und allein dadurch, dass sie in der Lage ist die Ketonkörperkonzentration im Blut zu erhöhen und damit den Zustand der Ketose herzustellen.

Wie viele Kohlenhydrate dafür exakt nötig sind, ist individuell verschieden und hängt auch von der aufgenommenen Menge an Protein oder dem Sportpensum ab (sogar von der Art des Sports).

Entscheidend dafür, dass eine Ernährungsweise zur Bildung von Ketonkörpern führt, also „ketogen" ist, sind unter anderem:

- eine niedrige Kohlenhydratmenge
- eine moderate Proteinmenge
- eine minimale Insulinausschüttung ohne große Schwankungen

Sind die zuvor genannten Faktoren alle erfüllt, können Fettsäuren aus dem Fettgewebe des Körpers herausgelöst werden. Diese werden dann zum Teil direkt von der Muskulatur als Energiequelle genutzt, zum Teil in der Leber zu Ketonkörpern weiterverarbeitet.

Ketogene Ernährung

Eine ketogene Ernährung wird dadurch definiert, dass durch diese Ernährung Ketonkörper gebildet werden. Sie ist „ketogen" = „Ketonkörper generierend".

Was sind Ketonkörper?

Ketonkörper sind spezielle Moleküle. Sie entstehen in der Leber aus Fettsäuren und dienen als Energieträger. Das Gehirn, die Muskulatur und andere Gewebe können die Ketonkörper abbauen und Energie daraus gewinnen. Die drei Ketonkörper sind:

- Beta-Hydroxybutyrat
- Acetoacetat
- Aceton

Der Ketonkörper Aceton wird über die Atemluft abgeatmet. Dies wird häufig als etwas süßlicher, teils unangenehmer Mundgeruch wahrgenommen. Am Anfang empfiehlt es sich daher bei Keto auch tagsüber, zum Beispiel nach dem Mittagessen, Zähne zu putzen oder regelmäßig eine Mundspülung für frischen Atem zu verwenden. Da der Ketonkörper allerdings nicht aus der Mundschleimhaut oder dem Magen abgegeben wird, sondern tatsächlich aus der Atemluft, helfen Mundspülungen auch nur vorübergehend. Keinesfalls solltest du zu Kaugummis greifen, da das ständige Kauen den Insulinspiegel erhöht und dich aus der Ketose werfen kann (siehe auch den Hinweis auf Seite 69). Keto-Anhänger berichten davon, dass der Aceton-Geruch mit der Zeit deutlich abnimmt und nur in der ersten Umstellungsphase besonders auffällt.

Die anderen beiden Ketonkörper dienen als Energiequelle und können biochemisch im Stoffwechsel ineinander umgewandelt werden.

Ketonkörper sind wasserlöslich und können daher besonders gut durch das Blut transportiert werden. Sie können die Blut-Hirn-Schranke über spezielle Transporter-Kanäle passieren und werden so ins Gehirn aufgenommen, wo sie Energie liefern.

Wie wird Ketose gemessen?

Zu Beginn empfiehlt es sich, die Ketose zu messen, um ein gutes Gespür dafür zu bekommen, wie sich Ketose anfühlt.

Wenn du bereits einige Monate in Ketose warst, merkst du auch ohne Messung, wann du „drin" bist. Allerdings musst du auch nicht zwingend messen, wenn du dich an die Anleitung in diesem Buch hältst. Du kannst dann davon ausgehen, dass dein Körper ganz automatisch den Stoffwechselzustand der Ketose erreicht.

Drei Messmethoden

Um den Zustand einer Ketose zu messen, gibt es drei Möglichkeiten:

- Messung von Ketonkörpern im Urin
- Messung von Ketonkörpern im Blut
- Messung von Ketonkörpern in der Atemluft

Messung im Urin Die Messung im Urin ist am günstigsten, da die Teststreifen nicht allzu teuer in der Apotheke erhältlich sind. Allerdings werden im Urin nur diejenigen Ketonkörper nachgewiesen, die der Körper ausgeschieden hat. Je besser der Körper Ketonkörper zu Energie verwerten kann, desto weniger Ketonkörper werden über den Urin ausgeschieden.

Mit zunehmender Ketoadaption nimmt also die Konzentration im Urin ab. Was genau die „Ketoadaption" erkläre ich gleich (siehe Seite 32f.).
Tipp: Wenn du Ketostix verwendest, kannst du die Teststreifen der Länge nach halbieren und für dasselbe Geld doppelt so viele Messungen durchführen.

Messung im Blut Die Messung der Blutkonzentration ist verlässlicher und gibt immer ein genaues Bild davon, wie hoch die Ketonkörperkonzentration tatsächlich ist. Daher empfehle ich ein Blutketonmeter, das wie ein Blutzuckermessgerät funktioniert. Es gibt Kombi-Geräte für Blutzucker- und Blutketonkonzentration mit speziellen Teststreifen für die Ketosemessung.

Messung in der Atemluft Fortgeschrittene und diejenigen, die an einer langfristigen regelmäßigen Messung der Ketose interessiert sind, können zu einem Atem-Ketonmeter greifen: Ein Gerät, das die Konzentration von Aceton in der Atemluft misst und dadurch Rückschlüsse auf die Blutketonkörperkonzentration erlaubt. Aufgrund der hohen Anschaffungskosten ist es definitiv ein Gerät für eine fortgeschrittene Anwendung.

Erfolgsgeschichte von Nadine

Nadine hatte über lange Zeit ein beträchtliches Übergewicht aufgebaut und immer wieder versucht, davon Abstand zu gewinnen. Bisher ohne Erfolg. Dann begann sie im Januar die ketogene Ernährung. Sie hat sich wie viele andere dazu bereit erklärt, ihre Erfahrungen für dieses Buch niederzuschreiben:

„Ich bin Nadine, 38 Jahre alt, und habe mich zeit meines Lebens mit Übergewicht jenseits eines BMI > 30 herumgeplagt (BMI = Body-Mass-Index).

Im Februar des Jahres zuvor fasste ich den Entschluss, dringend etwas an meiner Ernährung zu ändern. Nachdem meine Eltern und alle Großeltern Diabetiker Typ 2 sind, konnte ich mir meine Zukunft ausmalen. Dazu kam, dass ich meinen Ehering nicht mehr vom Finger bekommen habe.

Ich habe von heute auf morgen auf ‚Low Carb' umgestellt und bis Oktober 25 Kilogramm abgenommen. Dann kam ein Stillstand bis Januar. Pünktlich zum 1. Januar diesen Jahres habe ich mit der ketogenen Ernährung mit Unterstützung von Foodpunk begonnen. Mit ketogener Ernährung hatte ich mich noch nicht auseinandergesetzt. Ich verband damit immer viel Bacon, Käse und keine rote Paprika. Mittlerweile weiß ich, wie oberflächlich diese Info war.

Die Umstellung war spürbar: Nach anfänglichen Kopfschmerzen und Kreislaufproblemen fühlte ich mich schnell fitter und wurde zunehmend aktiver. Endlich war es mir möglich, locker 5 bis 6 Stunden ohne Snack zwischen den Mahlzeiten einzuhalten, was wohl eine der Hauptursachen meines Übergewichts war.

Mittlerweile habe ich mit minus-40-Kilogramm mein Idealgewicht erreicht und bin guter Dinge, dieses auch zu halten! Denn mein Essen macht mich satt und glücklich. Ich habe zudem gelernt, auf meinen Körper zu hören, was ihm guttut und was nicht.

Als Kind der 80er-Jahre bin ich mit ‚Low Fat' aufgewachsen, und es überrascht mich teilweise noch immer, mit wie viel Fett ich abnehme, dass Fett wirklich satt macht und Heißhungerattacken dadurch der Vergangenheit angehören.

Die ketogene Ernährung ist einfach genau mein Ding. Sie hat aus mir, nicht nur äußerlich, einen neuen Menschen gemacht mit viel mehr Lebensfreude und Lebensqualität. Ich kann nur jedem raten, sich einmal wie ich auf einen 30-Tage-Test einzulassen und vielleicht ändert sich auch sein Leben?!“

Was ist Ketoadaption?

Wenn du deine Ernährung umstellst, kommst du relativ schnell in Ketose und kannst sie mit einer der zuvor genannten Methoden nachweisen. Bis dein Körper aber voll von den Vorteilen der ketogenen Ernährung und der Ketose profitiert, dauert es ein wenig. Die Zellen deines Körpers müssen sich erst wieder daran erinnern, dass es Ketonkörper als Alternative zu Glukose gibt. Bei der Geburt wissen sie das zwar und Säuglinge können Ketonkörper sehr gut nutzen, im Laufe des Lebens schläft dieses Wissen aber ein. Der Körper bekommt ständig Nachschub an Kohlenhydraten in Form von Brot, Nudeln oder Zucker. Er kann also ständig auf die daraus gewonnene Glukose zugreifen, und Ketonkörper spielen im Alltag keine Rolle mehr. Darum dauert es ein bisschen, bis das Wissen über die Verwendung von Ketonkörpern in deinem Körper wieder wachgekitzelt wird. Aber mach' dir keine Sorgen. Für deinen Körper ist das wie Fahrradfahren. Auch wenn man es lange nicht macht, einmal gelernt, verlernt man es nicht mehr. Die ersten Versuche sind vielleicht noch wackelig, aber das Wissen ist schnell wieder da.

Lieferst du deinem Körper und deinen Zellen vermehrt Ketonkörper, werden Stoffwechselwege reaktiviert, damit du die Ketonkörper zum Beispiel in Muskelzellen oder Gehirnzellen nutzen kannst. Diese Umstellung des Stoffwechsels nennt sich Ketoadaption. Die intensivsten Änderungen sind in 21 Tagen erledigt, weshalb ich den 21-Tage-Keto-Kickstart entwickelt habe. Das ist ein echter Stoffwechsel-Booster. Aber auch nach den 21 Tagen finden

Ist Ketose dasselbe wie Ketoazidose?

Im Studium der Medizin oder der Ernährungswissenschaft wird die Ketose nur am Rande angesprochen. Meist bespricht man nur die Ketoazidose. Dies führt dazu, dass viele Fachleute beides gleichsetzen. Eine gesunde (physiologische) Ketose ist aber keineswegs dasselbe wie eine Ketoazidose.

Beim gesunden Menschen mit funktionierender Bauchspeicheldrüse und normaler Insulinausschüttung locken Ketonkörper immer ein wenig Insulin. Ein höherer Insulinspiegel führt dazu, dass Ketonkörper über den Urin ausgeschieden werden. So hält das Insulin die Ketonkörperkonzentration im gesunden Rahmen.

Nur wenn dieser natürliche Regulationsmechanismus nicht mehr funktioniert, können die Werte stark ansteigen. Dieses Risiko besteht bei Diabetes Typ 1 und Alkoholismus – und das nicht nur bei ketogener Ernährung. Typ-1-Diabetiker müssen stets auf ein richtiges Verhältnis von Zucker- bzw. Kohlenhydratkonsum und Insulingabe achten, um einen schädlichen Unterzucker und die Entstehung einer Ketoazidose zu vermeiden.

Wer seine Werte und die Insulindosis im Griff hat, kann aber auch als Typ-1-Diabetiker eine ketogene Ernährung verfolgen.

Bei dieser Ketonkörperkonzentration im Blut liegt eine Ketoazidose vor:

> 15–25 mmol/l Ketoazidose (beim gesunden Menschen nicht möglich, nur bei Diabetes Typ 1 und Alkoholismus)

weitere Anpassungen statt und man geht davon aus, dass man nach etwa drei Monaten auf die volle Keto-Power zurückgreifen kann. Daher liest du im Praxisteil auch (siehe Seite 70f.), wie du nach den ersten 21 Tagen am besten weitermachst.

Ist dein Körper ganz besonders abhängig von Zucker und anderen Kohlenhydraten, kann die Umstellung am Anfang deutlich spürbar sein. So kann es zu Kopfschmerzen, Schwindel und Schlappheit kommen. Der Kreislauf ist im Keller. Das liegt daran, dass der Körper sich am Anfang mit Händen und Füßen dagegen wehrt, sich umzustellen. Denn die Stoffwechselumstellung ist echte Arbeit. Lieber würde er weiterhin den einfachen Weg gehen und schreit deshalb nach Zucker. Je stärker die Umstellungsbeschwerden sind, desto süchtiger war der Körper nach schnellen Kohlenhydraten. Es gibt einige Tricks und Tipps, diese sogenannte „Ketogrippe“ am Anfang auszuschalten. Dazu mehr unter dem Punkt Supplements – Nahrungsergänzungsmittel – (siehe Seite 56f.).

Wer hat die ketogene Ernährung erfunden?

Die ketogene Ernährung wird seit nahezu einhundert Jahren zur Therapie von Epilepsie im Kindes- und Jugendalter angewandt. Bereits im Altertum hatte man festgestellt, dass Fasten die Anfallshäufigkeit bei Epilepsieerkrankten vermindern konnte. Im 5. Jahrhundert vor Christus vermerkte der griechische Arzt Hippokrates in seinen Aufzeichnungen, dass sich der Zustand von Patienten besserte, wenn sie komplett auf Nahrung verzichteten. Dieses Wissen wurde dann aber für lange Zeit nicht genutzt.

1911 veröffentlichten die französischen Mediziner Guillaume Guelpa und Auguste Marie eine wissenschaftliche Arbeit über die Wirkung des Nahrungsverzichts bei Epilepsie. Das Fasten konnte man aber nicht unendlich lange beibehalten und sobald man es unterbrach, kamen die Anfälle zurück. Darum suchte man nach einer Methode, mit der man die biochemischen Effekte des Fastens nachahmen konnte, ohne komplett auf Nahrung verzichten zu müssen. 1921 führte der amerikanische Arzt Russell M. Wilder an der Mayo Clinic in Minnesota zum ersten Mal eine ketogene Diät an Patienten im Kindes- und Jugendalter durch. Er war es, der den Begriff „ketogene Diät" (engl. ketogenic diet) prägte. Diese Diät führte ebenso wie das Fasten zu einer Anfallsreduktion. Ihr Vorteil war, dass sie die Versorgung des Patienten mit Energie und Nährstoffen möglich machte. Fortan wurde die ketogene Diät an der Mayo Clinic als reguläre Behandlungsmethode bei Epilepsie im Kindes- und Jugendalter angewandt und verbreitete sich über ganz Amerika. Mit der Entwicklung von Medikamenten gegen Epilepsie (antikonvulsive Medikamente, Antikonvulsiva) trat die ketogene Ernährung zunehmend in den Hintergrund und wurde jahrzehntelang nur noch als allerletzte Möglichkeit gesehen. Sie wurde dann eingesetzt, wenn der Patient eine sogenannte pharmakoresistente Epilepsie hatte, also auf gar kein Medikament ansprach.

Robert Atkins brachte eine kohlenhydratarme, fettreiche Ernährung mit seiner „Atkins Diät" wieder in das Interesse der Öffentlichkeit, und Low-Carb-Ernährungsformen entwickelten sich zur Mode. Nicht immer waren diese aber zusammengesetzt wie eine ketogene Ernährung. Es mangelte oft an Gemüse und es gab übermäßige Mengen an Käse oder Fleisch. Eine echte ketogene Ernährung enthält nur moderate Mengen Protein. Erst in den letzten Jahren ist der Begriff „Keto" wieder ins öffentliche Interesse gerückt und die Forschung konzentriert sich auf die Wirkungen ketogener Ernährung auf das Gewicht sowie insbesondere auf neurodegenerative Erkrankungen wie Alzheimer, Parkinson oder multiple Sklerose.

Erfolgsgeschichte von Helmut

Helmut startete seine Ernährungsumstellung mit 100 Kilogramm und hielt uns regelmäßig über seinen Erfolg auf dem Laufenden. Er schreibt:

„Fühle mich einfach gut. Ich war am Anfang skeptisch und dachte, was soll ich mit den exotischen Sachen. Ich habe aber einige Lieblingsessen für mich entdeckt, zum Beispiel das leckere Spiegelei mit Bacon und Zwiebel zum Frühstück. Die Lust auf Milchprodukte ist auch weg, und es macht Spaß, frisch zu kochen, auch wenn es nicht immer geht. Der Tauschrechner ist phänomenal.

Zu Beginn: Ich hatte am Neujahrstag fast 100 Kilogramm (noch nie vorher). Jetzt bin ich auf 93 Kilogramm nach 8 Tagen. Ich weiß, es ist viel Wasser, was ich verloren habe, aber es motiviert mich trotzdem ungemein. Sport muss ich aber einschränken. Bin am Sonntag beim Radfahren übermütig geworden und dachte, ich kann meinen Hausberg (bis 13 Prozent Steigung) so einfach hochfahren – und bin jämmerlich eingebrochen. Was soll's – jetzt ist Gewichtsverlust dran: Also leichtere Sporteinheiten, und wenn das geschafft ist, geht's wieder los mit Leistung. Mein Ziel ist es erst mal, bis Ende Januar auf unter 90 Kilogramm zu kommen.

Nach knapp vier Wochen: In nicht mal vier Wochen minus 10,5 Kilogramm. Und das ohne Hunger und Durchhänger. Sport geht ganz einfach, und wenn er einen Tag fehlt, werde ich ganz hibbelig. Und ich bin nur gut gelaunt. Ich hänge dann noch mal 30 Tage dran. Ziel ist unter 80 Kilogramm.

Nach etwa acht Wochen: Im Februar weitergemacht und 85 Kilogramm als Ziel gesetzt. Heute gewogen: Ziel erreicht. Jetzt geht es weiter bis Ostern. Auch unter 80 Kilogramm werde ich packen. Dabei habe ich nie Hunger, fühle mich körperlich und geistig saugut. Mein Rennrad-Training läuft. Meine Leberwerte sind normal. Danke an Foodpunk.

Ich muss jetzt was loswerden – Ihr könnt doch sowas nicht ohne Vorwarnung machen – da gehören Gefahrenhinweise auf die Startseite! In 5 Monaten von 100 Kilogramm auf 78 Kilogramm. Was soll ich anziehen?! Von Größe 56/58 auf Größe 48. Ich muss mich komplett neu einkleiden. Was das kostet! Das hat mir vorher keiner gesagt :-)“

In die Ketose kommen

Nachdem du die Vorteile und Hintergründe der Ketose kennst, möchtest du wissen, wie du deinen Stoffwechsel umstellen kannst. Wie du im Wissenskasten auf Seite 34 über die Ursprünge der ketogenen Diät gelesen hast, haben die Keto-Ernährung und das Fasten viel gemeinsam.

Beim Fasten laufen viele Dinge im Stoffwechsel ähnlich ab wie beim Verzicht auf Kohlenhydrate. Mit beidem lässt sich die Ketose erreichen. Darum schauen wir uns zunächst einmal an, was im Körper bei komplettem Nahrungsverzicht passiert.

Fasten

Nach einer gemischten Mahlzeit aus Kohlenhydraten, Proteinen und Fetten befindet sich der Stoffwechsel in der sogenannten „absorptiven Phase", der Magen-Darm-Trakt verdaut und resorbiert die Nährstoffe der Mahlzeit. Die aufgenommenen Bestandteile des Essens werden entweder in den Körper eingebaut, gespeichert oder zu Energie verbrannt. Je nachdem wie groß die Mahlzeit war und welche Zusammensetzung sie hatte, hält die absorptive Phase um die 3 Stunden an. Durch die Mahlzeit wurde Insulin ausgeschüttet, weshalb das Verhältnis von Insulin zu seinem Gegenspieler Glukagon hoch ist. Man spricht von einer hohen Insulin/Glukagon-Ratio. Dieses Verhältnis fördert die Herstellung von Glykogen zur Speicherung von Glukose oder die sogenannte Lipogenese, die Speicherung von Fett als Energiequelle „für schlechte Zeiten".

Wenn alle Nährstoffe vollständig resorbiert wurden, tritt der Stoffwechsel in die sogenannte postabsorptive Phase ein, die Phase „nach der Absorption". Dann sinken allmählich der Blutglukosespiegel und der Insulinspiegel. Der Glukagonspiegel hingegen steigt und somit sinkt das Verhältnis von Insulin zu Glukagon. In der postabsorptiven Phase ist die Insulin/Glukagon-Ratio geringer als in der absorptiven Phase. Die hormonellen Veränderungen regen die Zellen der Leber zum Abbau des Glykogens an. Glykogen ist, wie bereits erwähnt, die Speicherform von Glukose. Beim Abbau des Glykogens, der sogenannten Glykogenolyse, wird wieder Glukose freigesetzt.

Während sich der Glykogenspeicher langsam leert, führt das geringere Verhältnis von Insulin zu Glukagon auch zur Gluconeogenese, bei der Glukose aus Aminosäuren neu aufgebaut wird. Zudem werden die Fettspeicherzellen (Adipozyten) zur Zerkleinerung und Freisetzung von Fett angeregt – ein Vorgang, der Lipolyse genannt wird. Der absinkende Blutzuckerspiegel führt zur Freisetzung von Adrenalin, was zusätzlich die Lipolyse in den Adipozyten fördert.

Wenn die Glykogenspeicher in der Leber und der Muskulatur geleert sind, werden Fettsäuren der Hauptenergielieferant für die Muskeln. Nur einige wenige Gewebe benötigen zu diesem Zeitpunkt dennoch Glukose, darunter das Gehirn und die roten Blutkörperchen. Die benötigte Glukosemenge wird nun durch die Gluconeogenese gedeckt, also durch den Aufbau von Glukose aus Aminosäuren.

Anschließend an die postabsorptive Phase tritt etwa 24 Stunden nach der Mahlzeit die frühe Hungerphase ein. Wenn weiterhin keine Nahrung aufgenommen wird, begibt sich der Stoffwechsel etwa fünf Tage nach der letzten Nahrungsaufnahme in die adaptierte Hungerphase. In der frühen Hungerphase ist der Abbau körpereigener Proteinreserven zum Zweck der Gluconeogenese relativ hoch. Allein das Gehirn benötigt 110 bis 130 Gramm Glukose pro Tag. Ein andauernder Abbau des Körperproteins in dieser Geschwindigkeit würde rasch zum Tod des Fastenden führen. Deshalb sind proteinsparende Mechanismen für das Überleben während der Fastenperiode zwingend nötig.

Damit der Abbau körpereigener Proteinreserven minimiert werden kann, beziehen alle Organe, die nicht zwingend Glukose benötigen, ihre Energie mehr und mehr aus Fettsäuren. Das Gehirn benötigt in einer „nicht ketogenen" Stoffwechsellage Glukose. Bei langanhaltendem Kohlenhydratmangel durch Fasten oder bewussten Verzicht kann es aber einen Großteil seines Energiebedarfs statt durch Glukose durch Ketonkörper decken. Ketonkörper werden in der Leber aus Fettsäuren synthetisiert. Das Gehirn lernt in einer Anpassungsphase allmählich diese Ketonkörper zu verwerten. Dadurch sinkt der Glukosebedarf ab und weniger körpereigenes Protein muss zur Gluconeogenese abgebaut werden. Ketonkörper schützen Protein.

Mit fortschreitender Anpassung an das Fasten steigt die Ketonkörperkonzentration durch die Ketogenese in der Leber immer

weiter an. So gelangen Ketonkörper in den Blutkreislauf und an die Organe wie Gehirn oder Muskulatur. Diese erkennen den neuen Treibstoff und lernen die Ketonkörper zu Energie zu verwerten – über den Vorgang, der sich Ketolyse nennt. Der Körper befindet sich in der adaptierten Hungerphase in einer ketogenen Stoffwechsellage und in Ketose. Bei Erwachsenen stellt sich Ketose nach einigen Tagen Fasten ein, bei Kindern innerhalb weniger Stunden.

Dies passiert also beim Fasten. Beim Verzicht auf Kohlenhydrate sieht der Vorgang im Stoffwechsel fast genauso aus. Die Adaption geht nur ein wenig langsamer, da noch Protein und Fett zur Verwertung zur Verfügung stehen.

Ketogene Ernährung

In der ketogenen Ernährung wird dieser Fastenstoffwechsel nachempfunden. Die Umstellung, die beim Übergang zu einer ketogenen Ernährung im Stoffwechsel stattfindet, kannst du mit den zuvor beschriebenen Mechanismen beim Fasten vergleichen.

Die niedrige Insulin/Glukagon-Ratio ermöglicht eine Freisetzung von Fettsäuren und die Bildung von Ketonkörpern. Körpereigene Proteine, also Muskelmasse, werden geschont, das Gehirn wird mit Energie versorgt und ein Fettabbau wird ermöglicht.

Um das zu erreichen, darf die ketogene Ernährung eine nicht zu hohe Menge Kohlenhydrate, eine moderate Menge Protein und eine gute Menge Fett enthalten. Nachfolgend erkläre ich dir dies im Detail.

Kohlenhydrate pro Tag zum Einstieg

Ein guter Einstieg ist es, die Kohlenhydratmenge auf 30 Gramm pro Tag zu beschränken und diese 30 Gramm auf drei Mahlzeiten aufzuteilen. So zum Beispiel 6 Gramm am Morgen, 12 Gramm mittags und 12 Gramm am Abend. Diesem Schema folgen die Rezepte in diesem Buch.

Wie viel Kohlenhydrate enthält die ketogene Ernährung?

Die Menge der Kohlenhydrate, die bei einer ketogenen Ernährung erlaubt ist, ist für jeden Menschen unterschiedlich, je nachdem, wie er gebaut ist und wie aktiv er ist.

Auch wenn es oft behauptet wird: Die Menge an Kohlenhydraten definiert nicht eine ketogene Ernährung. Man liest oft „Keto, das ist weniger als 20 Gramm Kohlenhydrate“ oder „Keto, das ist weniger als 5 Prozent Kohlenhydrate“.

Es ist zwar richtig, dass man die Kohlenhydratzufuhr absenken muss, das allein ist aber nicht die Definition der ketogenen Ernährung, sondern ist Mittel zum Zweck. Es ist eine grobe Faustregel, die im Alltag sehr hilfreich sein kann, die aber nicht in Stein gemeißelt ist. Eine Ernährung kann auch mit 30 Gramm Kohlenhydraten oder 50 Gramm Kohlenhydraten ketogen sein – solange sie bei dir individuell die Produktion von Ketonkörpern anregt.

Wie viel Protein enthält die ketogene Ernährung?

Eine ketogene Ernährung ist auf jeden Fall keine proteinreiche Diät. Sie ist nicht mit einer Low-Carb-High-Protein-Ernährung zu vergleichen.

Protein wird bei der Verdauung in seine Einzelbestandteile (Aminosäuren) aufgespalten. Diese werden dann in körpereigene Strukturen eingebaut. Werden mehr Aminosäuren aufgenommen, als der Körper braucht, werden sie zu Energie verstoffwechselt und „verbrannt". Dazu werden sie zuerst in Glukose umgewandelt – Zucker! Auf diese Weise erhöht ein Übermaß an Protein auch den Blutzucker- und den Insulinspiegel und behindert eine Ketose.

15 bis 20 Prozent Protein in deiner Ernährung sind ein guter Richtwert – je nachdem wie sportlich du bist, wie hoch dein Gesamtenergiebedarf ist und ob du gerade abnehmen möchtest. Unter 0,8 Gramm Protein pro Kilogramm Körpergewicht solltest du nicht gehen. Du musst (und solltest) aber auch nicht wie Bodybuilder zu jeder Mahlzeit ein 300-Gramm-Putensteak verzehren.

Proteine pro Tag

In den Rezepten dieses Buchs liegt die gesunde und ketotaugliche Proteinmenge bei 20 Prozent des Gesamtenergiebedarfs, was bei den 1600 Kilokalorien täglich 80 Gramm Protein pro Tag entspricht.

Wie viel Fett enthält die ketogene Ernährung?

Fett ist dein Hauptenergielieferant in einer ketogenen Ernährung. Oft wird behauptet, dass mehr Fett zu „mehr" Ketose und zu einer höheren Fettverbrennung führt, und man mit mehr Fett in der Nahrung noch besser abnimmt. Nicht ganz.

Die Ketose entsteht dadurch, dass du nur wenig Kohlenhydrate und mäßig Protein aufnimmst. Das Fett kann der Körper nun entweder durch die Nahrung aufnehmen oder aus deinen Fettzellen lösen.

„Also kann ich einfach ganz auf Fett verzichten und nur die nötige Menge an Kohlenhydraten und Protein aufnehmen und nehme NOCH schneller ab?" Nein, so einfach ist das nicht.

Angenommen, du isst 30 Gramm Kohlenhydrate pro Tag und, sagen wir, du hast einen Gesamtenergiebedarf von 2000 Kilokalorien. Wenn du nun 15 Prozent Protein zu dir nimmst, sind das 75 Gramm pro Tag. 30 Gramm Kohlenhydrate und 75 Gramm Protein ergeben zusammen 420 Kilokalorien. Wirklich wenig.

Um nicht in ein schädliches Kaloriendefizit abzurutschen, musst du zu jeder Mahlzeit hochwertige Fette zu dir nehmen – und zwar mehr als du womöglich gewohnt bist.

Um auf die 2000 Kilokalorien zu kommen, würdest du 1580 Kilokalorien in Form von Fett aufnehmen müssen, also 175 Gramm pro Tag. An den Gedanken muss man sich erst einmal gewöhnen – da hast du recht.

Fett ist wichtig für die Hormonproduktion und essenziell dafür, dass das Gehirn merkt, dass du mit Energie gut versorgt bist. Würdest du nur 1200, 1000 oder weniger Kalorien pro Tag zu dir nehmen, signalisiert das deinem Gehirn eine Hungersnot und es drosselt deinen Stoffwechsel. Obwohl du weniger isst, nimmst du schlechter ab.

Gerade zu Beginn der Umstellung läuft die Freisetzung von Fettsäuren aus den körpereigenen Fettreserven nur sehr schleppend. Freie Fettsäuren sind aber nötig, um eine stabile Ketose aufzubauen, denn Fettsäuren sind der Ausgangsstoff für Ketonkörper. Darum profitiert deine Ketose besonders zu Beginn von den Fettsäuren, die du von außen mit der Nahrung aufnimmst. Diese werden in der Leber ebenso zum Teil zu Ketonkörpern umgewandelt und dein Körper kann die Produktion und Verarbeitung von Ketonkörpern bereits trainieren, bevor deine eigene Fettverbrennung vollkommen in Gang gebracht ist.

Fettsäuren sind übrigens die Bausteine von dem, was wir beim Essen als „Fett“ bezeichnen. Dabei handelt es sich um Triglyzeride. Bei einem Triglyzerid sind drei (tri) Fettsäuren an einer Halterung angebracht, dem Glyzerin. Um nun aus Fett Energie zu gewinnen, muss der Körper erst einmal die Fettsäuren aus der Halterung herauslösen. Als „freie Fettsäuren“ werden sie dann weiterverarbeitet. Während das Glyzerin immer gleich aussieht, unterscheiden sich die Fette aus verschiedenen Quellen (Nüssen, Bacon, Olivenöl ...) durch die Fettsäuren und damit auch in ihrer Wirkung auf deinen Körper (siehe Seite 51f.).

Bonus: 3-Tage-Carb-Detox

Du möchtest rasend schnell in die Ketose kommen? Mit dieser Anleitung schaffst du es in drei Tagen. Vergiss dabei aber nicht, dass Ketose allein noch nicht alle Vorteile bietet, wenn dein Körper noch nicht die Zeit zur Ketoadaption hatte (siehe Seite 32f.).

Darum empfehle ich diese Anleitung vor allem all denjenigen, die sich bereits ketogen ernähren, aber aus irgendeinem Grund rausgekommen sind. Sei es durch eine Feier am Wochenende oder die Versuchung im Büro. Der 3-Tage-Carb-Detox verscheucht Zucker aus dem Körper, leert die Kohlenhydratspeicher und vertreibt den Heißhunger im Nu!

Tag 1: Kohlenhydratspeicher leeren

Kohlenhydratquellen radikal streichen (**Obst, Nudeln, Säfte ...**)

Auf dem Teller: ⅔ grünes Gemüse, ⅓ hochwertige Proteinquelle, 1 bis 2 Esslöffel Kokosöl

Abends: 60 Minuten Krafttraining bis zur Erschöpfung

Tag 2: Ketonkörper bilden

Morgens: 60 Minuten moderates Ausdauertraining

Frühstück: 3 Eier, 20 Gramm Weidebutter, 200 Gramm Salatgurke, 1 Esslöffel MCT-Öl

Mittags/abends: ⅔ grünes Gemüse, ⅓ hochwertige Proteinquelle, 1 bis 2 Esslöffel Kokosöl

Tag 3: Ketose verstärken

Morgens: Butterkaffee mit 20 Gramm Weidebutter, 1 Esslöffel MCT-Öl

4 bis 5 Stunden Pause zwischen den Mahlzeiten

Mittags/abends: ⅔ grünes Gemüse, ⅓ hochwertige Proteinquelle, 1 bis 2 Esslöffel Kokosöl

Erfolgsgeschichte von Eva-Maria

Auch Eva-Maria war so freundlich, ihre Geschichte zu erzählen: „Mein Erfolg mit ketogener, teils paleo-orientierter Ernährung? Ich habe 42 Kilogramm ungesundes Körpergewicht abgenommen, kann endlich wieder Klamotten im normalen Laden kaufen (von Größe 52 auf Größe 44/46) und fühle mich wieder wohl in meiner Haut:“

” Ich war eigentlich nur durch Zufall über das Konzept der ketogenen Ernährung gestolpert und war anfangs eigentlich gar nicht so begeistert davon, weil ich es lange nur als ‚Wurst-Butter-Käse-Diät‘ gesehen habe. Aber ich war auch verzweifelt genug, dies zu versuchen. Im Laufe dieser Ernährungsumstellung bin ich dann über ‚Foodpunk‘ gestolpert. Ketogene Ernährung mit viel Gemüse, etwas Obst und viel Spaß. Ein Konzept, in dem nicht alles in Käse und dicker Sahnesauce ertränkt wird ;-).

Im Laufe der Zeit hat sich mein Körper super an den ketogenen Stoffwechsel gewöhnt. Wo ich noch zu Beginn gezweifelt habe, haben die Vorteile mich und meinen Körper nach und nach überzeugt. Besserer Schlaf bei Nacht, bessere Konzentrationsfähigkeit am Tag … und dazu noch der absolut tolle Gewichtsverlust, an den ich nie geglaubt hatte. Selbst mein durch einen Motorradunfall geschädigtes Knie, das mir eigentlich immer Probleme bereitet hatte, gab plötzlich Ruhe. Eine Schmerzfreiheit, an die ich eigentlich kaum geglaubt hatte. Zum einen spielt da bestimmt der Gewichtsverlust rein, zum anderen hat sich auch die Entzündung im Gelenk verringert. Und nicht nur körperlich hat sich einiges getan – auch seelisch hat sich ganz vieles bei mir verändert. Ich bin selbstbewusster geworden, motivierter, mein Leben wieder aktiv anzugehen.

Bis zu meinem persönlichen Wohlfühlgewicht habe ich noch ein kleines Stückchen, bin aber davon überzeugt, dass ich das ketogen auch erreichen kann. Noch vor ein paar Jahren hätte ich nie geglaubt, dass ich es überhaupt mal schaffen könnte, nachhaltig abzunehmen und mich in meinem Körper selbstbewusst wohlzufühlen. Jetzt, mit ketogener Ernährung, glaube ich fest daran. “

Klassische Keto-Mythen

Um die Keto-Ernährung sind viele Fehlinformationen im Umlauf: „Aber ich habe gehört, dass …“ Vielleicht sind diese Mythen noch bei dir im Kopf verankert und hindern dich am Durchstarten. Oder du wirst während deiner Ernährungsumstellung mit der Kritik deiner Freunde, Bekannten und Kollegen konfrontiert.

Ich habe gehört, dass …

Nachfolgend findest du die klassischen Mythen, die im Zusammenhang mit ketogener Ernährung in den Medien kursieren, und ihre Widerlegungen.

… Fett böse ist

Fett ist ein essenzieller Nährstoff, der für deinen Körper überlebenswichtig ist. Es ist ein unerlässlicher Energielieferant und von enormer Bedeutung für deine Gesundheit. Wusstest du, dass dein Gehirn zu 60 Prozent aus Fett besteht? Auch deine Zellmembranen enthalten Fettsäuren und das oft so verspottete Cholesterin ist ein Ausgangsstoff für wichtige Geschlechtshormone.

Es gibt Fettsäuren, die wir möglichst meiden sollten. Dazu gehören entzündungsfördernde Omega-6-Fettsäuren (die sich oft in den als gesund propagierten Pflanzenölen finden) und Trans-Fettsäuren, denen wir in Junk Food und gehärteten Fetten begegnen (zum Beispiel Margarine).

Hochwertige Fette sollten dagegen eine große Rolle in deiner Ernährung spielen. Wichtig sind dabei mehrfach ungesättigte Fettsäuren, wie die Omega-3-Fettsäuren aus Lachs, oder einfach ungesättigte Fettsäuren, wie die Ölsäure aus Olivenöl. Die Omega-3-Fettsäuren wirken entzündungshemmend und beide Fettsäurearten können über die Aktivierung spezieller Rezeptoren (PPAR) die Fettverbrennung erhöhen.

Der wichtigste Energieträger in der ketogenen Ernährung werden aber hochwertige gesättigte Fettsäuren – aus guter Butter (aus Weidemilch), Kokosöl, dem durchwachsenen Fleisch von Weiderindern, hochwer-

tigem Bacon oder Macadamias. Sie liefern die Energie, die du für deinen Alltag und deine Sättigung brauchst.

... ich nicht mehr als 15 Gramm Kohlenhydrate pro Tag essen darf

In vielen Keto-Kreisen und Online-Foren wird eine „weniger ist besser"-Mentalität gepflegt. Viele Menschen denken „wenn ich noch weniger Kohlenhydrate esse, nehme ich noch schneller ab". Das ist nicht richtig, und oft ist sogar das Gegenteil der Fall. Wer die Kohlenhydrate stärker reduziert, als nötig (um in die Ketose zu gelangen), der spart an der falschen Stelle. Es fehlt nun an wertvollem Gemüse für wichtige Mikronährstoffe und Ballaststoffe. Auch der Stress auf den Körper wird erhöht und Stress ist ein Gegenspieler von Ketose und Fettverbrennung. Tatsächlich hat die Ausschüttung des Stresshormons Cortisol eine ähnliche Wirkung wie das Essen von Zucker. Das Stresshormon triggert die körpereigene Neuproduktion von Glukose und lockt auf diese Weise auch Insulin.

Wer nicht an einer Erkrankung leidet, sondern ketogene Ernährung aus „Lifestyle"-Gründen lebt, sollte also nach der Devise gehen: So wenig Kohlenhydrate wie nötig (um in Ketose zu kommen), aber so viel wie möglich (um die Vielfalt an buntem Gemüse und Beeren genießen zu können und Mikronährstoffe zu tanken). Für die meisten Menschen ist eine Grenze von ca. 30 Gramm Kohlenhydraten pro Tag sinnvoll, woran sich auch die Rezepte in diesem Buch orientieren. Mit zunehmender Ketoadaption wird es möglich, auch mit dem Verzehr von mehr Kohlenhydraten in Ketose zu bleiben. Viele Menschen können die Zufuhr langfristig auf 50 Gramm oder sogar 80 Gramm erhöhen und dennoch in Ketose bleiben.

... ketogene Ernährung nur aus Fleisch und Käse besteht

Traurig beobachte ich oft die „wer kann mehr Käse und Bacon auf ein Gericht packen"-Wettbewerbe, die Keto-Anhänger im Netz austragen. Bacon und Käse mögen zwar ketogen sein, eine Ernährung nur aus Bacon und Käse ist aber keinesfalls eine gesunde Keto-Ernährung.

Eine gut zusammengesetzte ketogene Ernährung enthält gerade so viel Protein, dass die Sättigung optimal und der Bedarf des Körpers gedeckt ist. Mehr ist nicht nötig, sondern sogar hinderlich für die Ketose. Ein zu viel an Protein wird zu Glukose umgebaut. Kohlenhydrate können also auch aus Putenbrust entstehen. Wer zu viel Protein isst, fällt darum aus der Ketose.

... Gemüse mit mehr als 5 Gramm Kohlenhydraten böse ist

Bei manchen Keto-Anhängern entsteht eine regelrechte Angst vor Kohlenhydraten, sogar aus Gemüse. Da werden Paprikaschoten, Karotten und Tomaten gänzlich verteufelt. Wie traurig. Denn eine ketogene Ernährung bietet Raum für all das.
Auf www.foodpunk.de/keto-kickstart habe ich in der Rubrik Hintergrundwissen eine Tabelle erstellt, die aufzeigt, wie viel Gramm einer Gemüsesorte man essen kann, um 5 oder 10 Gramm Kohlenhydrate nicht zu überschreiten. So enthalten beispielsweise 400 Gramm Aubergine, 150 Gramm

rote Paprikaschote, 140 Gramm Karotten, 1,2 Kilogramm Feldsalat oder ganze 1,6 Kilogramm Champignons nicht mehr als 10 Gramm Kohlenhydrate. Wie du siehst kannst du von einer Karotte oder roten Paprikaschote nicht ganz so viel essen wie von Champignons oder Feldsalat, dennoch hat all das einen Platz in deiner ketogenen Ernährung. Je länger du dich bereits ketogen ernährst, desto stärker ist deine Ketoadaption vorangeschritten und desto mehr Kohlenhydrate aus buntem Gemüse kannst du dann auch verzehren.

Schon gewusst?

Kohlenhydrate gibt es in „verschiedenen Größen": Die kleinste Einheit ist ein Einfachzucker. Hier sprechen wir von einem einzigen Kohlenhydrat-Molekül. Wenn zwei Kohlenhydratmoleküle miteinander verbunden sind, sprechen wir von einem Zweifachzucker. Die unterschiedlichen Einfachzucker können auf verschiedenste Weise verbunden werden, sodass eine große Vielfalt an Zweifachzuckern entsteht. Eine noch größere Vielfalt gibt es bei den Vielfachzuckern. Für solch ein sogenanntes Polysaccharid können tausende Einfachzucker in verschiedenen Kombinationen verbunden sein. Zu langen Strängen oder zu komplexen Netzen. Je komplexer, desto länger dauert die Aufspaltung, desto langsamer gelangt der Zucker ins Blut.

Ballaststoffe sind auch aus vielen Einfachzuckern aufgebaut. Sie sind aber so besonders verbunden, dass der Mensch sie bei der Verdauung nicht aufspalten kann. Ballaststoffe werden deshalb auch oft als unverdauliche Kohlenhydrate bezeichnet.

Erfolgsgeschichte von Maria

Als Maria mit Foodpunk Kontakt aufnahm, hatte sie schon eine lange Geschichte hinter sich: 125 Kilogramm, unregelmäßige Periode, Hautprobleme, spröde Haare und alle 3 Stunden Hunger:

» Vor drei Jahren dann kamen folgende Symptome hinzu: Müdigkeit, Durst und Hunger. Blutbild gemacht, Ergebnis: Diabetes Typ 2.

Mit bestimmten Medikamenten reduzierte ich mein Gewicht, die Krankheit hielt sich.

Endlose Selbstversuche, anders zu essen, brachten wenig Erfolg. Hunderte von Euros in einen Personaltrainer gesteckt, Diätbücher gekauft – nichts half.

Foodpunk habe ich monatelang beobachtet, mich gefragt, ob ich das kann.

Wilde Szenarien im Kopf … ich mit dieser einen Jeans von damals. 28 Kilogramm weniger und alles wäre gut …

Dann traf ich einen guten alten Freund wieder – schlank, fast dürr und sooo positiv. Er sei ein Foodpunk. Ich wäre doch auch einer – ich sei doch da in der Gruppe auf Foodpunk …

Ich war ja nur Beobachter. Bisschen feige, aber schon angefixt irgendwie. Und dann las ich irgendwo bei Foodpunk, dass man Energie hat, dass man wieder viel mehr geschafft bekommt, dass man sich wirklich gut fühlt und dass man auch mal einen Tag ‚verkacken' kann und sich dann nicht sein Leben lang wegen einer Sünde erbärmlich fühlen muss. Und dann stellte ich mir vor, wie ich es endlich schaffen würde, den Garten zu gestalten. Dass mein Rücken weniger wehtun würde und dass ich vielleicht nicht jeden Tag diese Pillen mehr schlucken müsste.

Und ... dass ich endlich mal lächle, wenn ich Fotos von mir sehe. Die Zahl auf der Waage rückte immer mehr in den Hintergrund und die Gier nach dem ‚guten Gefühl' ließ mich nicht mehr los.

Die ersten Tage waren die Hölle. Zucker ist böse. Zuckerentzug ist die Hölle. Ohne Kopfschmerztabletten ging nichts, ich war müde, aggressiv, frustriert und sooooo unfassbar genervt von dieser Kocherei.

Tag 8: Hummeln im Arsch. Ich kann nicht ruhig sitzen, ich muss mich bewegen. Ich muss aber eigentlich E-Mails beantworten. Egal. Ich tanze 1 Stunde im Wohnzimmer, das geht besser. Ach, und nebenbei noch 1 Liter Wasser trinken.

Nach 30 Tagen wiege ich 6 Kilogramm weniger. Mein Mann sagt, ich sei im Gesicht so viel schmaler geworden – Bauch wäre mir, ehrlich gesagt, lieber. Egal. Ich werde weitermachen.

Eine meiner besten Freundinnen kommt vorbei, sieht mich und sagt nur: ‚Ich bin so stolz auf dich!' Das ist das Schönste was ich seit sehr langer Zeit gehört habe.

Heute ist Tag 56: minus 10 Kilogramm. Morgen ist Blutabnahme, ich bin gespannt. Das Gefühl, wieder neue Energie zu haben, ist unbeschreiblich. Shoppen gehen, weil die Klamotten zu groß sind, ist so fremd und so schön. Das Leben fühlt sich seitdem anders an. So viel besser und leichter. Allein das ist es wert. “

In die Praxis umsetzen

Ok, lass uns durchstarten! Nun hast du das nötige Wissen getankt und bist startklar. Mit dem 21-Tage-Keto-Kickstart zeige ich dir den Weg in die Ketose und bringe dir diese energiespendende Ernährungsweise näher. Dazu schauen wir uns zunächst die Lebensmittel genauer an.

Die richtigen Lebensmittel in der korrekten Kombination sind der Schlüssel für eine lang anhaltende Sättigung, eine hervorragende Fettverbrennung und ein Abnehmen ohne Hunger.

Lebensmittel für die ketogene Ernährung

Welche Lebensmittel solltest du häufig verzehren und welche Lebensmittel gehen gar nicht, weil sie deiner Gesundheit und Fitness nicht guttun?

Hier erfährst du, wie du das Gelernte in die Praxis umsetzt. So wird deine Ernährung nicht nur einfach irgendwie ketogen, sondern zu einer ausgewogenen, gesunden ketogenen Ernährung, die du dauerhaft umsetzen kannst. Dabei ist es nicht nur wichtig, die Kohlenhydrate über den Tag hinweg im Auge zu behalten, um die 30 Gramm nicht zu überschreiten, sondern jede Mahlzeit so zu gestalten, dass sie eine gleichmäßige Verteilung von Protein, Fett und Kohlenhydraten liefert und zeitgleich Mikronährstoffe und Ballaststoffe enthält.

Do's and Dont's

In der Keto-Ernährung nimmst du Abstand von industriell gefertigten Süchtigmachern. Du lernst, wie du aus natürlichen Komponenten wunderbar schmackhafte Speisen kreierst. Mit der Zeit wird dein Geschmacksempfinden immer feiner und du lernst die Vielzahl an Aromen zu schätzen, die uns die Natur zur Verfügung stellt.
Mit jeder Mahlzeit tankst du wertvolle Nährstoffe und vermeidest die Lebensmittel, die dir Energie rauben. Du verzichtest auf Lebensmittel, die dein Wohlbefinden senken und Unverträglichkeiten fördern können. Denn nur ein gesunder Körper lässt freiwillig unnötige Fettreserven gehen. Hochwertige Lebensmittel sind die Basis: gutes Protein, wertvolles Fett, viel Gemüse. Siehe dazu die Tabelle auf Seite 54f.

Kohlenhydratquellen

Im 21-Tage-Keto-Kickstart reduzierst du die Kohlenhydrate auf 30 Gramm pro Tag. Die 30 Gramm nimmst du vor allem in Form von Gemüse zu dir. So ist eine sehr gute Versorgung mit Vitaminen, Mineralien und Spurenelementen gesichert.

Grünes Gemüse Besonders grüne Gemüsesorten sind sehr kohlenhydratarm. Je bunter das Gemüse ist, desto mehr Kohlenhydrate hat es meist. Im Keto-Kickstart greifst du darum vor allem zu grünem Gemüse.

Obst Auch Obst darf in deiner Keto-Ernährung enthalten sein – sieh es aber eher als das „Dessert von Mutter Natur". Obst enthält Fruchtzucker, den du nur in Maßen genießen solltest. Wenn du dich an die Obstmengen aus dem Baukasten (siehe Seite 72ff.) oder den Rezepten hältst, bist du auf der sicheren Seite. Obst enthält keine Mikronährstoffe, die du nicht auch in Gemüse findest, es ist aber eine schmackhafte Leckerei, die nicht fehlen muss. Ideal für die Keto-Ernährung sind alle Arten von Beeren, da sie besonders wenige Kohlenhydrate enthalten.

Proteinquellen

Wie wir bereits ausführlich besprochen haben, ist die Keto-Ernährung auf jeden Fall keine High-Protein-Ernährung. Bei solch einer Ernährung, wie sie zum Beispiel im Fitness-Bodybuilding-Bereich oft zum Einsatz kommt, werden häufig 150 Gramm, 200 Gramm oder noch mehr Protein pro Tag verzehrt. Im Vergleich dazu sind die Rezepte in diesem Buch auf eine Proteinmenge von 80 Gramm pro Tag angelegt.
Verwende nicht zu jeder Mahlzeit dieselbe Proteinquelle. Jede Proteinquelle enthält eine unterschiedliche Aminosäure-Zusammensetzung (Aminosäuren sind die Bausteine von Proteinen). Um einen guten Mix davon zu bekommen, solltest du eine Vielfalt an Proteinquellen zu dir nehmen.

Fleisch/Geflügel Bei Fleisch hängt die Fettsäurezusammensetzung besonders von der Haltung ab. Fleisch von Tieren, die in Mastbetrieben mit Getreide gefüttert werden, enthält besonders viel entzündungsfördernde Omege-6-Fettsäuren. Hochwertiges gutes Fleisch von Weiderindern enthält dagegen entzündungshemmende Omega-3-Fettsäuren. Achte daher unbedingt auf die Herkunft und Haltung.

Fisch/Meeresfrüchte Auch bei Fisch hat die Haltung, insbesondere die Fütterung, einen großen Einfluss auf die Fettsäurezusammensetzung. Verwende Fisch aus nachhaltigem Wildfang oder Bio-zertifizierter Aquakultur. Etwa zweimal die Woche sollte fetter Seefisch, wie Lachs oder Thunfisch, auf deinem Speiseplan stehen.

Eier Eier sind eine wunderbare Proteinquelle und liefern gleichzeitig wertvolle Fettsäuren und Cholin. Dass Eier den Cholesterinspiegel negativ beeinflussen, ist schon lange widerlegt. Ein zu hoher Cholesterinspiegel hängt vielmehr mit einem ungesunden Stoffwechsel und zu hohen Entzündungsreaktionen zusammen (die durch ein Zuviel an schnellen Kohlenhydraten begünstigt werden). Verwende Bio-Eier von Hühnern, die Gräser und Würmer auf der Wiese picken dürfen.

Milchprodukte Obwohl Milchprodukte auch sinnvolle Proteinquellen sind, haben sie andere Effekte als Fleisch, Geflügel, Fisch und Eier. Milchprodukte erhöhen den Insulinspiegel stärker als die anderen genannten Proteinquellen. Oftmals nimmt man ohne Milchprodukte leichter ab. Wenn du besonders effektiv abnehmen möchtest, verzichte während des Keto-Kickstarts auf Milchprodukte. Insbesondere für Vegetarier und für all diejenigen, die es etwas lockerer sehen, habe ich in den Rezepten auch Milchprodukte als Proteinquelle eingesetzt. Achte darauf, dass die Milch von Weidetieren stammt. Im deutschen Handel wird sie dann meist „Weidemilch" oder „Wiesenmilch" genannt.

Proteinpulver In diesem Buch setze ich hier und da Proteinpulver ein. Hintergrund ist, dass nicht jeder immer gerne zu jeder Mahlzeit Fleisch, Fisch, Eier & Co. essen möchte. Bei Proteinpulvern handelt es sich ganz klar nicht um klassische Nahrungsmittel, sondern um sinnvolle Ergänzungen, wenn man sonst seinen Proteinbedarf nicht decken kann. Proteinpulver aus dem Fitness- und Bodybuilding-Bereich in großen Kanistern, mit vielen Aromen und Zusatzstoffen sind auf jeden Fall ein großes No-Go. Es gibt nur wenige Proteinpulver, die ich für sinnvoll erachte. Immer gilt: Es darf kein Süßstoff enthalten sein, kein Aroma und kein zugesetzter Zucker. Proteinpulver sollten immer rein sein. Ihren Geschmack bekommen sie durch Kombination mit anderen Lebensmitteln, zum Beispiel Obst. Sie sollten nie selbst in den Sorten Cookie Dough, Double Chocolate & Co. gekauft werden.

Zwei nicht vegane Proteinpulver, die in der Foodpunk-Ernährung in Ordnung sind, sind natürliches Collagen-Protein und Whey-Protein (Molken-Proteinpulver), beides von Weiderindern. Collagen enthält Aminosäuren, die für ein straffes Bindegewebe wichtig sind. Das Molken-Proteinpulver hat einen milchigen Geschmack.

Vegane Proteinquellen Soja ist in der von mir empfohlenen Keto-Ernährung ein No-Go, darum sind auch Sojazubereitungen wie Tofu und Tempeh raus. Seitan ist pures Gluten und damit ebenso ein No-Go. Für 100-prozentige Gesundheit empfehle ich, hin und wieder tierische Lebensmittel einzubauen. Aber ich habe Respekt vor der Entscheidung, aus ethischen Gründen auf tierische Produkte zu verzichten. Als Proteinquelle dienen dann vegane Proteinpulver. Hier gelten die gleichen Grundsätze wie zuvor beschrieben. Vegane Proteinpulver, die infrage kommen, sind Reisprotein,

Hanfprotein, Cranberry-Protein, Kürbiskernprotein, Sonnenblumenprotein oder Mandelprotein. Das sogenannte „Protein" aus Samen und Nüssen ist der Presskuchen, der bei der Herstellung von Öl (zum Beispiel Kürbiskernöl) übrig bleibt. Dieser Presskuchen ist sehr proteinreich und fettarm und wird fein zu Pulver vermahlen. Du findest daher diese Proteine auch unter dem Namen „entöltes Mandelmehl" & Co.

Fettquellen

Der wichtigste Energielieferant in der Keto-Ernährung ist hochwertiges Fett. Es liefert die Energie, die du für deinen Alltag und alle Körperfunktionen benötigst. Nur mit ausreichend Energie aus guten Fettsäuren verfällt der Stoffwechsel nicht in einen Hunger-Modus. Gutes Fett auf deinem Teller macht dich lange satt, fördert die Fettverbrennung und vermeidet langfristig einen Jo-Jo-Effekt.

Öle und Fette Hochwertige Fettsäuren sind ein perfekter Energiespender. Diese findest du in Butter, Butterschmalz oder Kokosöl. Achte bei Fett aus Milchprodukten, also Butter oder Butterschmalz, wie auch beim Fleisch, darauf, dass es von Kühen aus Weidehaltung stammt. Auch Olivenöl und Avocadoöl sind tolle Fettquellen. Sie sollten aber nicht erhitzt werden – ebenso wie Walnussöl, Kürbiskernöl und andere Nuss- und Samen-Öle, die du in Maßen für Salat-Dressings verwenden kannst.

MCT-Öl Eine besondere Fettquelle ist sogenanntes MCT-Öl, das aus Kokosöl gewonnen wird. Es enthält spezielle (mittelkettige) Fettsäuren (auf Englisch: medium-chain triglycerides MCT's), die die Wärmebildung anregen. Über die Bildung von Ketonkörpern fördert es gleichzeitig die Sättigung und die Energieversorgung des Gehirns. Verwende anfangs pro Tag nicht mehr als 10 bis 15 Gramm, da es zu Beginn abführend wirken kann. MCT-Öl gibt es online bei diversen Anbietern, schau einfach mal ins Internet.

Bitte vermeiden Sonnenblumenöl, Sojaöl, Distelöl und Margarine haben eine ungünstige Fettsäurezusammensetzung. Sie enthalten recht viele Omega-6-Fettsäuren, die entzündungsfördernd wirken. Da Übergewicht auch stark durch Entzündungsprozesse im Körper beeinflusst werden kann, solltest du diese Fettquellen auf jeden Fall meiden.

Nüsse/Samen/Avocado Nüsse, Samen und Avocado sind tolle Toppings für Salate und andere Gerichte. Nüsse und Samen sind allerdings recht Omega-6-reich. Genauso wie die Öle daraus, solltest du Nüsse und Samen nicht im Übermaß essen. Avocado dagegen hat eine sehr vorteilhafte Fettsäurezusammensetzung und kann eine Haupt-Fettquelle in deiner Ernährung werden.

Zuckeralternativen

In den ersten strengen 21 Tagen solltest du komplett auf zusätzliche Süße verzichten.
Erythrit/Xylit Erst nach dem 21-Tage-Keto-Kickstart sind als Süßungsmittel die Zuckeralkohole Erythrit und Birkenzucker (Xylit) im Rahmen einer ketogenen Ernährung in Ordnung.
Stevia/Monk-Fruit Auch Stevia oder Monk-Fruit (beides pur, ohne den Zusatz von Maltodextrin) sind Optionen zum Süßen.

Wenn du neu in der Keto-Ernährung bist, greife auf Erythrit zurück. Es hat keinen Effekt auf den Blutzuckerspiegel. Xylit wird hingegen individuell unterschiedlich verstoffwechselt und kann manche Menschen aus der Ketose werfen. Beide Zuckeralkohole schmecken leicht kühl, nicht erschrecken. Stevia schmeckt etwas bitter, und Monk-Fruit ist in Europa noch nicht erhältlich. Mein Favorit ist Birkenzucker – mit seinen positiven Wirkungen auf die Zahnhygiene und die Knochengesundheit.

Getränke

Pro Tag solltest du zwei Liter Flüssigkeit zu dir nehmen. Davon sind bis zu drei Tassen koffeinhaltiger Getränke in Ordnung, wie Kaffee, grüner oder schwarzer Tee. Wasser kannst du pur trinken oder mit einem Spritzer Limetten- oder Zitronensaft aufpeppen.

Absolute No-Go's

Ganz vom Speiseplan streichen solltest du allem voran industriell gefertigte Nahrung. Ebenso hat Zucker keinen Platz in einer gesunden Keto-Ernährung. Zucker und alle anderen glukose- und fruktosehaltigen Süßungsmittel solltest du stets meiden. Dazu gehören Honig, Agavendicksaft oder Ahornsirup. Sie alle lassen den Glukose- und Insulinspiegel schnell ansteigen und fördern Heißhunger. Auch chemische Süßstoffe wie Aspartam, Acesulfam-K und Sucralose sind ein absolutes No-Go, da sie deine körpereigenen Sättigungsmechanismen hinters Licht führen.

Um deine natürlichen Hunger- und Sättigungsmechanismen wieder aufzuwecken, streiche bitte auch Getreide und Hülsenfrüchte von deinem Speiseplan. Getreideprodukte liefern schnell verfügbare Kohlenhydrate in viel zu hoher Menge für eine ketogene Ernährung. Die in der Schale von Vollkorn und Hülsenfrüchten enthaltenen sogenannten antinutritiven Stoffe, wie Lektine und Phytinsäure, stören die Aufnahme von Mikronährstoffen und können deinen Darm in Mitleidenschaft ziehen. Dies kann zu erhöhten Entzündungsprozessen, Nahrungsmittelunverträglichkeiten und verschlechterter Abnahme von Gewicht in Form von Körperfett führen. Zudem enthalten auch Hülsenfrüchte zu hohe Kohlenhydratmengen für die Keto-Ernährung. Besonders Sojaprodukte solltest du wegen ihrer ungünstigen Wirkung auf körpereigene Hormone unbedingt meiden.

Erfolgsgeschichte von Josefine

Auch Josefine ist ganz begeistert. Mit einer kohlenhydratarmen, fettbetonten Ernährung konnte sie ihren Langzeitzuckerwert (Hba1c) senken:

» Mein größtes Ziel als Foodpunk war und ist es, meinen Langzeit-Blutzuckerwert wieder unter 6 zu bekommen. Im Laufe der letzten vier Jahre hatte ich eine Menge probiert. Alles insgesamt immer ‚Low Carb' ... aber oft halt auch ‚Low Fat'. Ich beobachte Euch seit fast drei Jahren und im März – nach meiner letzte Quartalsuntersuchung – habe ich beschlossen endlich etwas zu ändern. Der Langzeitwert lag bei 6,4 und ich dachte, das ist jetzt ein letzter Versuch.

Heute war ich wieder zur Quartalsuntersuchung und was soll ich sagen, der Wert liegt nunmehr bei 5,8 :-). Meine Ärztin konnte es kaum glauben. Als ich ihr so häppchenweise erzählt habe, was ich an meiner Ernährung verändert habe, schaute sie bei: ‚ich esse halt ein wenig mehr Fett' erst ein wenig verwirrt und dann sofort auf meine Cholesterinwerte und konnte aber auch da gar nichts bemängeln, weil die nämlich auch vollkommen in Ordnung sind.

Ich kriege schon den ganzen Tag das Grinsen nicht aus dem Gesicht und wollte es natürlich nicht versäumen, von dem unfassbaren Erfolg zu berichten. Noch muss ich eine halbe Tablette Metformin pro Tag nehmen ... das war der Ärztin dann wohl doch zu ungeheuerlich, aber ich glaube nun fest daran, dass auch bald meine Diabetes ‚Geschichte' ist.

In diesem Sinne wünsche ich einen schönen Abend, Euch weiterhin viel Erfolg und grinse mich in den Schlaf. «

	Do's	Dont's
Proteinquellen	• Fleisch & Geflügel aus artgerechter (Bio-)Haltung • Rindfleisch aus Weidehaltung • Fisch aus Bio-Aquakultur oder Wildfang • Bio-Eier • Vollfette Milchprodukte • Milchprodukte aus Bio-Milch oder Weidemilch • Molken-Proteinpulver aus Weidemilch • Collagen-Proteinpulver von Weiderindern • Vegane Proteinpulver ohne Soja (z.B. Kürbiskernprotein, Hanfprotein, Mandelprotein)	• Konventionelles Fleisch aus Mastbetrieben • Rindfleisch aus Getreidemast • Fisch aus konventioneller Aquakultur • Eier aus Bodenhaltung • Fettarme Milchprodukte • Milchprodukte zum Supergünstig-Preis von Hochleistungskühen • Proteinpulver mit Aroma und Süßstoffen wie Acesulfam-K, Aspartam • Proteinpulver mit Soja
Kohlenhydratquellen	• Grünes Gemüse • Orangenes und rotes Gemüse (in Maßen) • Beeren (in Maßen)	• Getreide • Hülsenfrüchte (auch Soja) • Süßkartoffeln, Kartoffeln • Wurzelgemüse und rotes, gelbes Gemüse in zu hohen Mengen • Tropische Früchte • Smoothies, Säfte
Fettquellen	• Butter (aus Weidemilch, auch Weidebutter genannt) • Butterschmalz (auch Ghee genannt, aus Weidebutter) • Kokosöl • Nüsse & Samen • Avocado & Avocadoöl • Kalt gepresstes natives Olivenöl (für Salate) • MCT-Öl (siehe Seite 51) • Walnussöl, Kürbiskernöl und andere Nuss- und Saatenöle in Maßen (max. 1 Esslöffel pro Tag)	• Sonnenblumenöl • Sojaöl • Distelöl • Margarine

	Do's	Dont's
Gewürze	• Frische Kräuter • Getrocknete Kräuter • Hochwertiges Salz (Himalaya Salz, Fleur de Sel, schwarzes Salz, Meersalz, Ursalz) • Pfeffer, Chili, Cayennepfeffer, Kurkuma	• Klassisches Speisesalz • Gewürzmischungen mit Maltodextrin • Gewürzsaucen mit Zusatzstoffen
Zum Süßen	• Erythrit • Birkenzucker (Xylit) • Steviablätter • Steviaextrakt (pur) • Monk-Fruit (zusätzliche Süße erst nach dem Keto-Kickstart)	• Zucker • Honig • Reissirup • Agavendicksaft • Ahornsirup • Aspartam • Acesulfam-K • Sucralose • Cyclamat • Saccharin • Stevia mit Maltodextrin • Stevia mit Alkohol
Getränke	• Wasser mit oder ohne Kohlensäure • Kaffee • Kräutertees • Gewürztees • Grüner Tee • Schwarzer Tee • Mate • Matcha (pur) • Wasser mit etwas frischer Minze, Ingwer, Gurkenscheiben, Zitronen- oder Limettensaft (pro Tag nicht mehr als der Saft von einer Zitrone im Wasser)	• Softdrinks • Light Getränke • Alkohol • Fruchtsäfte • Fruchtsaftschorlen • Milch • Sojamilch • Buttermilch • Smoothies • Eistees • Gesüßte Tees • Früchtetees • Aromatisierte Tees

Sonst noch was?

Generell kannst du eine ketogene Ernährung so gestalten, dass du keine Nahrungsergänzungsmittel brauchst. Tatsächlich ist sie sogar nährstoffreicher als die Ernährung vieler Deutscher. Wenn du dich an die Rezepte in diesem Buch hältst und das Baukastensystem nutzt, bist du wunderbar versorgt.

Nachfolgend einige Nahrungsergänzungsmittel (Supplements), die jedoch für jeden sinnvoll sind oder die Umstellungsphase erleichtern.

Sinnvolle Supplements

Natrium Zu Beginn der ketogenen Ernährung scheidet der Körper vermehrt Wasser aus und damit auch Natrium. Natrium kannst du ganz einfach aufnehmen – indem du dein Essen gut salzt. Damit beugst du dem niedrigen Blutdruck in der ersten Umstellungsphase vor, der zu Müdigkeit, Schwindel und Kopfschmerzen führen kann. Du kannst dein Essen also salzen und gerne auch etwas hochwertiges Salz in das Trinkwasser geben. Nur wenn du von Bluthochdruck betroffen bist, solltest du nicht zusätzlich salzen. Denn dann ist der niedrigere Blutdruck sogar sehr erstrebenswert.

Magnesium Wie Natrium wird auch Magnesium in der Anfangsphase vermehrt ausgeschieden. Grünes Gemüse liefert zwar ausreichende Mengen an Magnesium, dennoch kannst du von einer zusätzlichen Supplementation profitieren. Sinnvoll ist sie zum Beispiel, wenn du sportlich sehr aktiv bist oder in der Anfangsphase der ketogenen Ernährung Wadenkrämpfe bei dir beobachtest. Dann solltest du ein hochwertiges Magnesiumcitrat zu dir nehmen. Der beste Einnahmezeitpunkt ist der Abend, da Magnesium zudem einen regenerativen Schlaf fördert.

Vitamin D Falls deine Ernährung nicht außerordentlich regelmäßig Leber oder Lebertran enthält, hast du mit hoher Wahrscheinlichkeit einen Vitamin-D-Mangel. Das meiste Vitamin D wird in unserer Haut gebildet – allerdings nur wenn sie mit Sonne in Kontakt kommt. Bei unserem regnerischen Wetter und dem Alltag im Büro haben die meisten Deutschen einen Vitamin-D-Mangel, sodass Ärzte häufig eine Ergänzung mit hochwertigen Vitamin-D-Präparaten empfehlen. Vitamin D spielt eine wichtige Rolle im Kalziumstoffwechsel und beeinflusst damit die Knochengesundheit. Auch für das Immunsystem ist es von Bedeutung. Da Vitamin D anregend wirkt, solltest du es morgens nehmen, zusammen mit einer fettreichen Mahlzeit.

Omega-3-Fettsäuren Regelmäßig fetter Seefisch, wie Lachs, sollte auf dem Tisch stehen, damit dein Bedarf an Omega-3-Fettsäuren gedeckt ist. Isst du keinen oder nicht wöchentlich fetten Seefisch, ist eine Ergänzung sehr sinnvoll. Omega-3-Fettsäuren wirken entzündungshemmend und fördern die Fettverbrennung, indem sie auf spezielle Rezeptoren (PPARs) wirken. Darüber begünstigen sie positive Blutfettwerte.

Vitamin K2 Während Vitamin K1 in grünem Blattgemüse vorkommt, wird Vitamin K2 von Bakterien produziert. Es findet sich daher beispielsweise im Fleisch von Wiederkäuern (zum Beispiel Weiderindern). Ihre Darmbakterien produzieren das Vitamin K2, das dann über die Darmwand aufgenommen wird. Auch die menschliche Darmflora produziert geringe Mengen Vitamin K2. Wenn du bisher in deinem Leben nicht regelmäßig hochwertiges Rindfleisch vom Weiderind oder fermentierte Sojabohnen (Natto) verzehrt hast, leidest du womöglich an einem Vitamin-K2-Mangel. Vitamin K ergänzt das Vitamin D in seiner Wirkung auf den Kalziumstoffwechsel und die Knochengesundheit. Das Vitamin K2 nimmst du am besten morgens, zusammen mit Vitamin D und einer guten Fettquelle ein, da beide Vitamine fettlöslich sind.

Vitamin B12 Solltest du Veganer oder Vegetarier sein, sollte dir Vitamin B12 bereits ein Begriff sein. Vitamin B12 ist wichtig für deinen Energiestoffwechsel und deine Nervenzellen. Da es vor allem in tierischen Produkten vorkommt, solltest du als Vegetarier und Veganer hochwertiges Vitamin B12 ergänzen.

Multivitaminpräparate Vermeide Multivitaminpräparate. Der Körper ist nicht dafür gemacht, alle Vitamine auf einmal aufzunehmen. Die Multivitaminpräparate, besonders die günstigen aus Drogeriemärkten, enthalten minderwertige Inhaltsstoffe sowie Füllstoffe und unnötige Aromen. Ergänze nie mit Multivitaminpräparaten, stattdessen immer mit hochwertigen Einzelpräparaten, die du am besten in der Apotheke bekommst.

Analyse Der beste Weg, dich mit Mikronährstoffen zu versorgen, ist eine genaue Analyse deines Blutes. Dein Arzt kann das machen und dir dann ganz gezielt Emp-

fehlungen für Präparate geben, die den Mangel ausgleichen. Allerdings übernimmt diese Leistung die Kasse in der Regel nicht.

Sport und Keto

Ob und wie viel Sport du während deines 21-Tage-Keto-Kickstarts machen solltest, hängt davon ab, ob du vorher bereits regelmäßig Sport betrieben hast.

Sport hat einige positive Einflüsse auf die Hormone deines Körpers und fördert auf diese Weise die Fettverbrennung. Es geht dabei nicht schlicht um verbrannte Kalorien. Wenn Sport bisher kein Bestandteil deines Alltags war, solltest du zu Beginn des Kickstarts auch nicht damit anfangen. In der ersten Woche ist dein Körper so sehr mit der Stoffwechselumstellung beschäftigt, dass er seine komplette Kraft darauf verwenden darf. Ab der zweiten Woche kannst du dann je nach Kondition flotte Spaziergänge oder moderates Joggen einbauen. Die Bewegung an der frischen Luft tut dir gut und vertreibt Heißhunger. Bei sehr hohem Ausgangsgewicht ist ein Mini-Trampolin eine tolle Option, mit der du gelenkschonend etwas Bewegung einbauen kannst.

Wenn du bisher bereits mindestens einmal die Woche Sport gemacht hast, kannst du auch während des Kickstarts damit fortfahren. Schraube in der ersten Woche die Intensität etwas herunter. Ab der zweiten Woche wirst du merken, dass dir Ausdauertraining deutlich leichter fällt als Krafttraining. Dies liegt an den unterschiedlichen Stoffwechselvorgängen während der verschiedenen Trainingsarten.

Ausdauertraining

Bei der Umstellung von kohlenhydratreicher Ernährung auf ketogene Ernährung muss deine Muskulatur von Glukose auf Ketonkörper oder Fettsäuren als Energiequelle umstellen. Zu Beginn versucht sie, sich so viele Ketonkörper wie möglich zu sichern, denn die Energiegewinnung aus Ketonkörpern ähnelt der aus Glukose. Die Umstellung von Glukose auf Ketonkörper dauert etwas, was du an wackeligen Beinen zu Beginn bemerken kannst. Mit zunehmender Umstellung werden aber auch Fettsäuren eine willkommene Energiequelle und du fühlst dich schnell besser.

Sobald die Muskulatur auf eine Energiegewinnung aus Ketonkörpern und optional Fettsäuren umgestellt hat, fühlst du dich deutlich fitter. Die Verwendung von Fettsäuren in der Muskulatur hat für den Körper einen weiteren Vorteil: Je mehr Fettsäuren in den Muskeln verbrannt werden, desto mehr Ketonkörper bleiben für die Energieversorgung des Gehirns.

Bei moderatem (aerobem) Ausdauertraining kann der Körper sehr gut auf Fettsäuren als Energiequelle zurückgreifen. Steigt die Intensität des Trainings in den sogenannten anaeroben Bereich, benötigt er vermehrt Glukose oder eben Ketonkörper. Da Glukose bei ketogener Ernährung nur begrenzt zur Verfügung steht, sind hohe Mengen an Ketonkörpern nötig. Anfangs ist die Verstoffwechselung von Ketonkörpern allerdings noch nicht voll ausgereift, weshalb dir moderater, aerober Ausdauersport deutlich leichter fallen wird als intensiver, anaerober Ausdauersport.

Kraftsport

Wie intensives Ausdauertraining läuft auch Krafttraining anaerob (also ohne Beteiligung von Sauerstoff) ab. Der trainierte Muskel kann dabei nicht auf Fettsäuren, sondern nur auf Ketonkörper als Energiequelle zurückgreifen. Es dauert, bis dieser Mechanismus volle Leistung ermöglicht. Beim Kraftsport geht man davon aus, dass die Anpassungsvorgänge in der Muskulatur drei bis sechs Monate dauern. Erst dann ist wieder die volle Leistung abrufbar und kann im Anschluss sogar ansteigen.

Lass dich also nicht davon irritieren, wenn du beim Training weniger Liegestütze schaffst oder weniger Gewicht auflegen kannst, als zuvor. Das ist gar kein Problem. Effektiv bleibt das Training für deinen Körper auf jeden Fall.

Idealerweise solltest du langfristig zwei- bis dreimal Krafttraining in deine Woche einbauen und täglich eine moderate Ausdauerrunde absolvieren. Sei es 30 Minuten Fahrradfahren oder flottes Spazierengehen oder 15 Minuten auf dem Mini-Trampolin.

Ein wunderbares Training für Fettverbrennung ist auch HIIT (high intensity interval training), insbesondere dann, wenn das Zielgewicht nicht mehr weit entfernt ist.

Beim HIIT absolviert man eine kurze Einheit von zum Beispiel 15 Minuten, bei der man abwechselnd volle Power gibt und dann wieder kurz die Intensität reduziert. Ein Beispiel für HIIT ist zum Beispiel Laufen mit Sprints abwechselnd mit langsamerem Tempo.

Wer darf keine ketogene Ernährung durchführen?

Die ketogene Ernährung ist ein mächtiges Tool mit großer Wirkung. Darum solltest du sie auch mit Bedacht einsetzen. Als gesunder Mensch stellt es keinerlei Problem dar, die Keto-Ernährung für drei Monate am Stück einzusetzen. Nach drei Monaten solltest du nach Symptomen wie trockenen Augen oder schlechtem Schlaf Ausschau halten. Tritt dies bei dir auf, ist es an der Zeit, wieder etwas mehr Kohlenhydrate (zum Beispiel 100 Gramm pro Tag) für ein paar Wochen in deine Ernährung einzubauen, bevor du wieder zu einer strengeren Keto-Ernährung übergehst.

Ausschlusskriterien

Es gibt aber auch eine kleine Gruppe an Menschen, die von vornherein kompletten Abstand von der ketogenen Ernährung nehmen sollte. Dazu gehören Personen, die eine Stoffwechselerkrankung haben, die den Stoffwechselweg der Ketogenese oder Gluconeogenese betrifft. Dies wird in der Regel bereits bei Screenings im Kindesalter festgestellt.

Vorsicht ist geboten

Alle Personen, bei denen eine Vorerkrankung herrscht, sollten achtsam an die ketogene Ernährung herangehen und bedenken, dass sich all meine Ratschläge an einen gesunden Menschen richten.

Arzt einbeziehen Bei Vorerkrankungen sollte vorab der behandelnde Arzt in den Wunsch der Ernährungsumstellung einbezogen werden. Da nicht alle Ärzte offen für die ketogene Ernährung sind (und sogar viele noch nicht davon gehört haben), haben wir auf foodpunk.de/keto-kickstart eine Liste von Ärzten veröffentlicht, die diesem Thema offen gegenüberstehen und weiterhelfen.

Typ-1-Diabetiker müssen mit ihrem Arzt die Insulindosis exakt einstellen, um nicht durch die Insulingabe in Unterzucker abzurutschen.

Gestresste Menschen mit einem zu hohen Stresspensum – egal ob es durch den Beruf, zu wenig Schlaf oder einen intensiven Trainingsplan entsteht – profitieren auch nicht so sehr von der ketogenen Ernährung wie Menschen, die grundsätzlich im entspannten Zustand sind. Das Stresslevel lässt sich am Cortisolspiegel ablesen. Ist dieser hoch, ist ein Einstieg in eine gesunde Ernährung mit moderater Kohlenhydratreduktion sinnvoller. Insbesondere bei Nebennierenschwäche und Schilddrüsenunterfunktion sollten die Kohlenhydrate nicht sofort drastisch gesenkt werden, sondern von einer moderaten Menge (zum Beispiel 100 Gramm täglich) langsam in Richtung ketogener Ernährung umgestellt werden, wobei beobachtet werden sollte, ob die Umstellung dem Wohlbefinden förderlich ist.

Die richtige Vorbereitung

Bevor du startest, halte kurz inne und stelle mit klugen Maßnahmen den Erfolg deines Keto-Kickstart sicher: Miste deine Küche aus, besorge die Grundzutaten und eine Frischhaltebox, um dein Essen für unterwegs mitnehmen zu können. Das Allerwichtigste ist aber deine Geisteshaltung, dein Mindset.

Die Einstellung zu deinem Keto-Abenteuer entscheidet ganz allein darüber, ob du diese Herausforderung nach 21 Tagen erfolgreich gemeistert haben wirst. In meinem Beratungsalltag erkenne ich bereits nach dem ersten Gespräch oder der ersten E-Mail, ob eine Person langfristig erfolgreich sein oder frustriert in alte Gewohnheiten zurückkehren wird. Es geht hier um die Einstellung bezüglich etwas Neuem, die Bereitschaft, wirklich etwas zu verändern, und den Mut, das einfach mal anzugehen.

Lege vor dem Start den Grundstein

Geh bitte einmal ganz entspannt und in Ruhe in dich und überlege dir, welche Glaubenssätze du mit dir durch das Leben trägst. Hör mal ganz genau hin.

Bist du vielleicht übergewichtig und hast das schon längst als „dein Schicksal" akzeptiert? Sprichst du unfreundlich mit dir selbst, zum Beispiel „Ich werde halt immer fett sein" oder versuchst du sogar Schuldzuweisungen zu machen und siehst die Ursache bei dir oder anderen? „Meine komplizierte Beziehung war schuld", „ich habe halt einfach zu viel Stress im Beruf", „wäre meine Mutter das nur anders angegangen", „mit den Kindern habe ich halt einfach keine Zeit auf meine Figur zu achten". Erkennst du solche Denkmuster bei dir?

Und jetzt meine Fragen: „Glaubst du daran, dass du etwas ändern kannst? Glaubst du WIRKLICH daran? Kannst du dir vorstellen, dass du all die überschüssigen Kilos verlierst? Kannst du vor deinem geistigen Auge sehen, was sich dann alles ändern würde?"

Oder denkst du dir vielleicht: „Na ja!, ich probiere das jetzt mal, aber langfristig wird das eh wieder nicht klappen."

Die wichtigste Voraussetzung für eine echte Veränderung ist, dass DU daran glaubst. Wenn dein Unterbewusstsein immer etwas zu mäkeln hat und ständig Gründe sucht, warum etwas nicht klappen sollte, dann wird es nicht klappen. Du sabotierst dich damit selbst. Du stehst dir selbst im Weg.

Dabei hast du so viel Potenzial. Es ist immer alles möglich, egal wie lange du schon unter den Umständen leidest. Egal, wie viele Versuche gescheitert sind. Es ist immer alles möglich. Vielleicht war für dich bisher noch nicht die rechte Zeit. Vielleicht hast du die passende Ernährung noch nicht gefunden. Diesmal wirst du es schaffen. Mit der richtigen Einstellung und der richtigen Ernährung. Ich glaube an dich! Nun musst nur noch du an dich glauben!

Damit du das schaffst, habe ich einige Übungen für dich. Es reicht nicht, wenn du laut sagen kannst: „Ich glaube, dass ich es schaffe". Du musst dich selbst wirklich überzeugen und es Tag für Tag fühlen.

Schreibe negative Gedankenmuster auf

Notiere dir, was dir tagtäglich im Kopf herumschwirrt. Welche immer wiederkehrenden Sätze ziehen dich runter? Bist du wütend, weil du so lange mit Übergewicht kämpfen musstest? Auf wen bist du wütend? Auf dich selbst? Was sagst du zu dir selbst? Schreibe alles auf.

Nun stehen alle Botschaften, die dich herunterziehen und dich blockieren, auf einem Stück Papier, vielleicht sogar auch auf mehreren.
Und weißt du was? Nur, weil ein Teil deines Kopfes immer alles schlecht machen möchte und dir im Weg stehen will, sind diese Botschaften noch lange nicht wahr! Stell dir vor, da wohnt ein mieser kleiner Saboteur in deinem Kopf. Ständig flüstert er dir all diese Sachen zu. So lange, bis du ihm alles glaubst. Überlege dir, wo genau in deinem Kopf dieser Saboteur sitzt. Stelle dir vor, wie er aussieht. Vielleicht wie ein kleines Teufelchen? Ein quengelnder Gnom? Stell dir vor, wie er da sitzt und redet und redet. Fast schon albern macht er Tag für Tag alles schlecht … er redet und redet, meckert und meckert. Lass nun in deinen Gedanken seine Stimme immer höher werden, bis sie komplett verzerrt ist und nur noch lächerlich klingt.

Dein kleiner Saboteur wird auch in den nächsten Wochen nicht mit seinen negativen Botschaften aufhören. Aber jetzt machst du Folgendes: Du lässt ihn einfach reden. Lass ihn labern und labern mit seiner bescheuerten verzerrten Piepsstimme. Nimm ihn einfach nicht mehr ernst. Die Botschaften sind da, aber du weißt nun, dass das nicht du bist und du vor allem nicht alles ernst nehmen musst.

Überlagere die negativen Gedanken mit deiner positiven Vision

Jetzt wo der kleine Saboteur dich nicht mehr im Griff hat, kannst du dir komplett frei Gedanken darüber machen, was du erreichen möchtest. Erlaube dir, zu träumen und dein zukünftiges Glück in Worte zu fassen – auch diese kannst du aufschreiben.

Was ist dein Ziel? Nein, ich möchte hier keine genaue Zahl auf der Waage hören. Es ist mir egal, ob dein Ziel 102 Kilogramm, 80 Kilogramm, 65 Kilogramm oder 57 Kilogramm ist. Du kannst dir ein Zielgewicht auf Papier schreiben, aber das ist immer nur eine äußere Motivation. Ich will wissen, wie du dich fühlen willst. Wie ist dein Leben, wie ist dein Alltag, wenn du abgenommen hast? Wie fühlt es sich an, morgens vital aus dem Bett zu steigen? Welche Freude empfindest du, wenn du morgens nicht mehr aufgedunsen aussiehst? Wie sehr genießt du die Komplimente deines Umfelds? Wie wunderbar fühlt es sich an, wenn die Klamotten nicht mehr zwicken? Wie stark fühlst du dich im Alltag, wenn keine Treppenstufe und keine schweren Einkaufstüten mehr ein Problem sind?

Stell dir all diese Gefühle vor. Gehe in Gedanken einen kompletten Tag durch, als dein neues Ich. Merkst du etwas? Das steckt alles in dir! Du bist diese schlankere, fittere und glücklichere Person!

Nun ist es mein Job, das zum Alltag werden zu lassen. Gemeinsam lassen wir deine Vision von deinem neuen Ich Realität werden. Du mit deiner inneren Einstellung und ich mit meinem Wissen.

Während ich mich um die Planung deiner ketogenen Ernährung kümmere, ist es dein Job, dich jeden Tag in dein neues Ich hineinzuversetzen und das Gefühl zu genießen. Mache das mindestens einmal morgens vor dem Aufstehen, noch besser auch durch den Tag hinweg immer mal wieder. Stell dir in ganz normalen Alltagssituationen vor, wie du dich als dein neues Ich hier bewegen und verhalten würdest.

Das hier ist wirklich ein Neubeginn. Du änderst wirklich etwas. Denn du bist wertvoll, du hast die Kraft und vor allem hast du es verdient! Dein Körper ist dabei nicht dein Gegner – du und dein Körper, ihr seid ein Team. Genießt diese Reise gemeinsam.

Sei ein Foodpunk und schwimme gegen den Strom

In meiner Einleitung habe ich dir von ein paar Erlebnissen erzählt, die mich früher in meinem Selbstbewusstsein beeinträchtigt haben. Da war der erste Schwarm, der mich zu dick fand. Oder die anderen Kids, die nicht so „komische" Interessen hatten, wie ich „Wissenschafts-Nerd". Früher wollte ich alles richtig machen, damit andere viel von mir halten.

Absoluter Quatsch! Dieses eine Jahr, in dem ich erst durch falsche Ernährung auf 47 Kilogramm abgemagert bin und dann durch Heißhungerattacken auf 73 Kilogramm zugenommen habe, war das heilsamste Erlebnis meines Lebens. Ich habe gemerkt, wie falsch und oberflächlich die Welt sein kann. Wie haben mich die Männer angeekelt, die mich, dürr wie ich mit den 47 Kilogramm war, unbedingt daten wollten und mich dann bei meiner Zunahme verspottet haben. Aber nicht nur Männer. Auch die weiblichen Kollegen in der Fernsehwelt wollten erst Diättipps und lästerten dann bei meiner Zunahme unbegrenzt.

Mein Wert, das was mich wirklich ausmacht, meine Menschlichkeit, meine Art, mein Charakter – das alles blieb aber währenddessen unverändert. Wie traurig, dass unser Umfeld so oberflächlich über uns urteilen kann. Dieses Jahr, in dem ich mit mir selbst sozusagen durch dick und dünn gegangen bin, hat mich gelehrt, dass ich selbst mein bester Teampartner sein muss. Wenn ich mich nicht schätze, wer dann? Wenn ich mich nicht glücklich mache, wer dann? Wenn ich mich nicht unterstütze, wer dann?

Oft werde ich gefragt: „Jetzt, wo du wieder abgenommen hast, fühlst du dich sicher ganz anders, oder? Wahrscheinlich selbstbewusster?" Nein! Ich habe mich zuerst selbstbewusst gefühlt. Ich habe in den sechs Monaten, in denen ich 26 Kilogramm zugenommen habe, gelernt, zu mir selbst zu stehen. Ich wurde zu meinem besten Teampartner und fokussierte mich auf andere Dinge, die mich ausmachten, statt meines

Gewichts. Nur dadurch konnte ich wieder auf mein normales Gewicht abnehmen. Die innere Einstellung muss sich immer zuerst ändern, erst dann folgt der Körper. Du bist jetzt bereits wertvoll, liebenswert, großartig und wunderbar! Akzeptiere das und genieße dein Leben schon jetzt. Dann kannst du dich auf all die wunderschönen Momente in deinem Leben einlassen – ganz abseits vom Thema Essen und Abnehmen. Der Gewichtsverlust wird zur Nebensache und fällt dir als stolze, selbstbewusste Person so viel leichter.

Vielleicht kann ich dir ein wenig Mut von meiner Punker-Zeit abgeben. Damals mit bunten Haaren und Nietengürtel wollte ich der Welt zeigen: „Du kannst mich mal. Ich schwimme gegen den Strom. Mir doch egal, was alle anderen über mich denken". Heute weiß ich, dass ich das gar nicht nach außen hin zeigen muss und, dass Punk eine Lebenseinstellung und kein Klamottenstil ist.

Mit Foodpunk bringe ich den Punk auf den Teller. Schwimme auch du gegen den Strom und sei stolz darauf. Wenn dich dein Umfeld mit Kritik an dir oder deiner neuen Ernährungsweise auf die Palme bringt, dann zieh dir einfach in Gedanken den Nietengürtel an, schüttle deine Haare zu lauter Musik und denk dir: „Ich mache die Dinge anders und das ist gut so!"

Miste deine Vorratsschränke aus

Voller Motivation kann es jetzt losgehen! Zelebriere den Neuanfang nicht nur in deinen Gedanken, sondern auch in deinem Umfeld. Sicher hast du noch viele Sachen in deinen Vorratsschränken, die du so bald nicht mehr anrühren willst. Nimm dir einen freien Tag und gehe die komplette Küche durch. Was kannst du wegschmeißen? Was kannst du verschenken? Was kannst du in einen Schrank räumen, der nur für deine Familienmitglieder ist? Was wird dein persönlicher Platz für deine neuen Lebensmittel? Kaufe dir Kräuter im Topf und stelle sie gut sichtbar an dein Küchenfenster – so bringst du gleich frisches Leben ins Haus.

Und wo wir schon dabei sind ... hast du noch Klamotten im Schrank, die du einfach für alle Fälle mal aufgehoben hast, in denen du dich aber überhaupt nicht wohlfühlst? Weg damit! Lass los von allem, was dich runterzieht.

Fülle deine Küche mit Keto-Helfern

Du wirst nun für 21 Tage selbst kochen und dein Essen für die Arbeit oder unterwegs mitnehmen. Am Anfang ist das ungewohnt, du wirst aber schnell in den Rhythmus kommen. Noch besser gelingt dir das, wenn du bereits vor dem 21-Tage-Keto-Kickstart die passenden Helfer organisierst.

Hole dir Vorratsbehälter und Boxen, in denen du dein Essen unterwegs transportieren kannst. Diese sollten am besten aus Glas sein und mit einem Deckel aus BPA-freiem Kunststoff dicht geschlossen werden. In solchen Behältern kannst du im Kühlschrank auch vorgeschnittenes Gemüse oder ganze vorgekochte Mahlzeiten aufbewahren. In Outdoorgeschäften gibt es auch praktische Thermobehältnisse, die tropffrei schließen und in denen du deine warmen Speisen problemlos mitnehmen kannst, um dir mittags eine warme Mahlzeit zu gönnen.

Der Status quo

Auch wenn die Zahl auf der Waage nicht deine Hauptmotivation sein sollte, sondern dein neues Lebensgefühl, so ist es dennoch motivierend zu sehen, wie sich dein Körper verändert. Dabei sind Fotos und die Maße deines Körpers wesentlich verlässlicher als die Waage. Besorge dir ein Maßband und trage die Daten in die Tabelle ein.

Anleitung Führe die Messung einmal an Tag 1 und dann wieder an Tag 22 durch, beide Male morgens vor dem Frühstück. Falls du dir nicht sicher bist, an welcher Stelle du das Maßband genau ansetzen solltest, findest du im Internet mit einer einfachen Suche etwa zum Begriff „Taillenumfang messen“ schöne Darstellungen.

Bilder Mache auch Fotos zu Beginn, idealerweise in Unterwäsche (sie sind ja nur für dich). Hole dir dafür wenn möglich Unterstützung von deinem Partner. Du solltest jeweils ganz auf den Fotos zu sehen sein – eins von vorne, eins von hinten, eins von rechts, eins von links. Stehe aufrecht und lasse den Bauch locker. An Tag 22 kannst du dann Vergleichsfotos anfertigen. Dein Ergebnis wird dich erstaunen und motivieren, langfristig an der neuen Ernährung festzuhalten.

Auf lange Sicht

Mit der Zeit wirst du merken, dass bei der ketogenen Ernährung der optische Effekt in den Hintergrund tritt. Die meisten Menschen wollen weitermachen, weil sie sich viel besser fühlen, und freuen sich, dass sie nebenbei mit Leichtigkeit abnehmen.

Sich besser fühlen

Das „Besser fühlen“ kann man aber nicht mit einem Maßband messen. Darum stell dir an Tag 1 und an Tag 22 diese Fragen:

- Wie fit fühle ich mich morgens nach dem Aufstehen?
- Bin ich nach dem Mittagessen energiegeladen oder müde?
- Kann ich abends schnell einschlafen oder liege ich wach?
- Bin ich entspannt oder leicht reizbar?

Meine Körpermaße	Tag 1	Tag 22
Gewicht (kg)		
Brustumfang (cm)		
Taillenumfang (cm)		
Hüftumfang (cm)		
Oberschenkelumfang, rechts (cm)		
Oberschenkelumfang, links (cm)		
Oberarmumfang, rechts (cm)		
Oberarmumfang, links (cm)		

Erfolgsgeschichte von Manuela

Sport ist wichtig, aber man muss nicht alles auf einmal ändern. Starte mit deiner Ernährung. Nach kurzer Zeit wird die zusätzliche Energie regelrecht Lust auf Sport machen, so wie es auch bei Manuela war:

» Ich hatte große Probleme, abends einzuschlafen, habe mich stundenlang hin und her gewälzt und bin immer wieder aufgewacht. Dementsprechend gerädert bin ich morgens aufgewacht. Nachmittags war ich immer so müde und antriebslos, dass ich mich bis zum Abend nur so durchgeschleppt habe. Seit Herbst letzten Jahres ernähre ich mich ketogen und bin fitter denn je. Jetzt gehe ich abends ins Bett, schlafe sofort ein und durch, wache morgens topfit und voller Tatendrang wieder auf. Und ich habe so viel Energie, dass ich vom Sportmuffel zum Sportjunkie geworden bin. Zwei- bis dreimal die Woche verausgabe ich mich so richtig – das wäre vorher undenkbar gewesen. Ich bin echt dankbar, diese Ernährungsform gefunden zu haben, sie gibt mir ein ganz neues Lebensgefühl. Nebenbei habe ich abgenommen und mein Körper ist definierter.

Ich habe mittlerweile sogar meinen Bruder angesteckt. Er hat die 30-Tage-Umstellung gemacht und dabei 7 Kilogramm abgenommen. Er ist so begeistert von den Gerichten und fühlt sich so wohl in seinem Körper, dass er sich weiter ketogen ernährt und mir Bilder von seinem Essen schickt. Wir sind nun beide begeisterte Foodpunker. «

Der 21-Tage-Keto-Kickstart

Auf geht's! Du bist nun bestens gerüstet für deinen Keto-Kickstart. Zünde den Stoffwechselturbo und begib dich auf die Reise zu einem ganz neuen Lebensgefühl. Drei spannende Wochen liegen vor dir und dein Stoffwechsel wird sich in Phasen umstellen.

Die ersten Tage erfordern Disziplin, da muss ich nicht lügen. Du weißt aber, was dich erwartet. Du hast alle Vorbereitungen getroffen und die Vision deines neuen Ichs in bunten Farben vor deinem inneren Auge ausgemalt. Dich kann nichts aufhalten, denn du bist für alles gewappnet.

Tag 1 bis 7

Die anfängliche Umstellung ist für den Körper schwere Arbeit. Du musst dich in dieser Zeit nicht zusätzlich durch Sport anstrengen. So hast du in der ersten Woche alles Recht der Welt darauf, nach der Arbeit gemütlich auf der Couch zu liegen. Gönn deinem Körper Ruhe, um die sogenannte Ketogrippe bestmöglich zu meistern.

Ketogrippe In den ersten Tagen kann es sein, dass du Kopfschmerzen bekommst, dir leicht schwindelig wird oder du das Gefühl hast, der Kreislauf spielt verrückt. Dies nennt man die Ketogrippe. Was du wahrnimmst, sind Entzugserscheinungen von der „Droge Zucker". Dein Körper will zu diesem Zeitpunkt noch nicht einsehen, dass der Verzicht auf Zucker Vorteile bringt, und wehrt sich vehement dagegen. Bleib stark! Du schaffst das! Denn du weißt, was dahintersteckt und dass die Ketogrippe bald vorbei ist.

Tipps für die ersten Tage

Es gibt einige Tipps und Tricks, mit denen du die Entzugserscheinungen zu Beginn mildern kannst.

Salz Besonders wichtig ist eine ausreichende Zufuhr von Salz. Durch die Veränderung des Stoffwechsels wird unter anderem vermehrt Salz ausgeschieden. Das führt zu einem eher niedrigen Blutdruck. Für Menschen mit Bluthochdruck ist das ein willkommenes Phänomen. Für alle anderen gilt: Kräftig salzen und den Blutdruck wieder (normal) hoch bringen.

Schlaf Wenn du die Zeit hast, gönn dir in den ersten Tagen auch mehr Schlaf als sonst.

Flüssigkeit Besonders wichtig ist auch die Flüssigkeitszufuhr – trinke mindestens 2 Liter Wasser pro Tag, gerne immer mit einer Prise Salz. Auch ein guter Kaffee (schwarz, ohne alles) regt den Kreislauf an und vertreibt so Kopfschmerzen und Schwindel in der Anfangsphase. Behalte dabei immer im Hinterkopf: „Bald ist es geschafft".

Vorsicht Meine Tipps richten sich an gesunde Menschen. Wenn du eine Vorerkrankung hast und es dir in der Umstellungsphase wirklich schlecht geht, sprich bitte mit deinem Arzt.

Tag 8 bis 14

Hurra – das Schwerste ist geschafft! Du hast die anfängliche Ketogrippe durchgestanden und fühlst dich nun deutlich besser. In der zweiten Woche sind die Kopfschmerzen verflogen und dein Kreislauf ist wieder in Bestform.

Gelüste Wenn da nicht die Gelüste wären! Das Zuckermonster schlummert noch immer in dir. Jeden Tag will es dich vom rechten Weg abbringen. Plötzlich riecht es so gut, wenn du am Bäcker vorbeigehst. Deine Augen saugen gierig jedes Stück Essen, jeden Snack und jede Süßigkeit auf, die dir begegnet. Du hast eigentlich keinen Hunger – aber diese Lust. Auch hier gilt: Stark sein! Um die Gelüste zu vertreiben, helfen Kaffee (schwarz, ohne alles), grüner Tee, Mate-Tee (der klassische aufgebrühte Tee, nicht die gesüßten Trend-Getränke) oder Wasser mit einem Spritzer Zitronensaft. Verwende aber maximal den Saft einer Zitrone über den Tag hinweg, damit du deine Kohlenhydratgrenze nicht überschreitest.

Die beste Vorkehrung gegen Gelüste ist regelmäßiges Essen. Halte dich an die drei Mahlzeiten am Tag und iss auf, auch wenn du keinen Hunger mehr hast. Normalerweise rate ich dazu, auf den Hunger zu hören. Das gilt aber erst NACH der Umstellungsphase. Zum jetzigen Zeitpunkt ist dein Körper vielleicht noch an weniger Gemüse und häufige Snacks gewöhnt. Nur wenn du die volle Energiemenge zu den Mahlzeiten aufnimmst, bist du vor Hungerattacken während des Tages geschützt.

Kaugummi Lange wurde uns eingetrichtert, ein Kaugummi hilft gegen den schnellen Hunger zwischendurch und vertreibt Gelüste. Das Gegenteil ist der Fall. Bitte greife während des 21-Tage-Keto-Kickstarts keinesfalls zu Kaugummi. Du merkst es vielleicht nicht sofort, aber Kaugummi lockt

deine Hungerhormone. Anfangs hast du vielleicht das Gefühl, der Hunger vergeht. Aber Speichelfluss und Kieferbewegung signalisieren deinem Magen und Darm: „Gleich kommt Essen“. Erst nach einer Weile merkt dein Körper, dass er in die Irre geführt wurde und schreit nun doppelt laut nach Essen. Das Kauen von Kaugummi wird deinen Hunger später am Tag steigern und es dir schwerer machen, dich an deinen Plan zu halten.

Tag 15 bis 21

Fast geschafft! Wie schnell die Zeit vergeht, nun bist du kurz vor dem Ziel. Du merkst, wie dir deine neue Ernährung immer leichter fällt. Auch das Kochen ist nun zum festen Ritual geworden und kostet dich nicht mehr so viel Organisationsaufwand wie zu Beginn. Deine Familie und die Kollegen, die anfangs noch skeptisch auf deinen Teller lurten, werden nun neugierig. Du siehst so fit und vital aus und das weckt ihr Interesse. Außerdem erkennt man deutlich, dass dein Gesicht schmaler geworden ist. Es sieht gleich nach dem Aufstehen frisch aus – nicht aufgequollen, wie es vielleicht früher der Fall war. Das ist ein erster Effekt der antientzündlichen Wirkung der ketogenen Ernährung.

Mittlerweile bringst du dein eigenes Essen ganz selbstbewusst mit in die Arbeit und die Kollegen werden geradezu neidisch auf deine immer neuen Kreationen und großen Portionen.

Du erwischst dich bei dem Gedanken, dass du diese Ernährung locker länger als 21 Tage durchziehen kannst. Auf jeden Fall willst du diese dritte Woche optimal hinter dich bringen und dann vielleicht noch ein paar Tage oder Wochen so weitermachen.

Tag 22 – wie geht es weiter?

Wie jetzt, schon vorbei? Das ging aber schnell! Da du gerade so gut im Rhythmus bist, häng doch einfach noch ein paar Tage dran. Die vergangenen 21 Tage haben ganz große Veränderungen in deinem Stoffwechsel verursacht. Deine Fettverbrennung ist nun deutlich aktiver, dein Sättigungsgefühl ist ausgeprägter und dein Gehirn ist zum ersten Mal in den Genuss von Ketonkörpern gekommen.

Option 1 Insgesamt stehen dir nach den 21 Tagen zwei Optionen offen. So kannst du einfach noch bis zu drei Monate durchgehend ketogen nach meiner Anleitung essen und anschließend an drei strenge ketogene Monate einen Refeed einbauen (siehe Seite 78).

Option 2 Du kannst nun aber auch vorsichtig wieder Lebensmittel einführen, die du in den letzten 21 Tagen nicht gegessen hast. Die Erfahrung hat dir zwar gut gefallen, aber du kannst dir die ketogene Ernährung nicht als Dauerernährung vorstellen? – Auch in Ordnung. Dein Körper hat in den 21 Tagen die Fähigkeit zur Fettverbrennung wieder entdeckt und einige Stoffwechselprozesse umgestellt. Das beschert dir dauerhaft Vorteile – metabolische Flexibilität. Idealerweise solltest du bei den drei Mahlzeiten pro Tag bleiben. Wenn du einmal etwas naschen möchtest, bitte nur zu den Mahlzeiten, nicht dazwischen. So kannst du dein neues Gewicht ideal halten.

Gemüse geht immer Achte insgesamt auf eine eher kohlenhydratarme Ernährung und frag dich bei jedem Griff nach Nudeln, Reis & Co: „Brauche ich davon wirklich so viel?" Auch die Gemüseportionen sollten dauerhaft Einzug auf deinem Teller halten. Du versorgst deinen Körper auf diese Weise mit wertvollen Mikronährstoffen, die Vitalität und Fitness steigern.

Regelmäßige Kur Wenn du dich nicht dauerhaft ketogen ernähren möchtest, empfehle ich diesen 21-Tage-Keto-Kickstart als regelmäßige Kur. Lege zum Beispiel nach einer üppigen Schlemmerei zwei bis drei Keto-Tage ein oder mache einen erneuten 21-tägigen Durchlauf, wenn die Zahl auf der Waage wieder klettert. So trainierst du die Fettverbrennungsfähigkeit deines Körpers und lehrst ihn, dass er zwischen den Mahlzeiten durchaus auf seine Reserven zurückgreifen kann, ohne immer direkt „Hunger" zu äußern.

Die wichtigsten Prinzipien

Das Wichtigste für eine dauerhaft schlanke Figur und Wohlbefinden in absteigender Priorität:

- drei Mahlzeiten am Tag (Kohlenhydrate und Naschereien nur zu den Mahlzeiten, niemals dazwischen)
- zu jeder Mahlzeit eine große Portion Gemüse
- zu jeder Mahlzeit eine moderate Portion Protein
- zu jeder Mahlzeit eine gute Fettquelle
- nur mäßige Kohlenhydratportionen (z.B. eine Handvoll gekochten Reis, eine große Kartoffel)
- immer mal wieder die Kohlenhydrate (bis auf Gemüse) komplett weglassen (z. B. für eine Mahlzeit oder auch mal einen Tag oder sogar ein paar Tage)

> Versuche von oben nach unten so viele Punkte wie möglich in deinen Alltag einzubauen.

Der Keto-Baukasten

Für den 21-Tage-Keto-Kickstart solltest du dich an die vorbereiteten Rezepte in diesem Buch halten. Im Anschluss an den Kickstart gibt dir der folgende Baukasten mehr Flexibilität für deine langfristige Keto- und Low-Carb-Ernährung.

Auswahl Sieh den Baukasten als eine Erleichterung für die tägliche Kreation deiner Speisen. Greife nicht jeden Tag zu denselben Lebensmitteln. Wähle zum Beispiel als Proteinquelle an einem Tag Eier, an einem anderen Tag Geflügel oder ein Milchprodukt. Sieh das Proteinpulver als eine Option an, wenn es sehr schnell gehen muss oder du eine vegane Proteinquelle benötigst. Es sollte nicht deine Haupt-Proteinquelle sein – setze auf echte Lebensmittel.

Nährwerte Unter dem Baukasten für eine Mahlzeit findest du immer eine Angabe darüber, wie die ideale Verteilung von Protein, Kohlenhydraten und Fett aussieht. Wenn du es sehr genau nehmen möchtest, kannst du deine Mahlzeiten nach diesen Nährwerten selbst zusammenstellen. Mach das aber bitte nur, wenn du bereits darin geübt bist, mit einer Nährwert-App oder einer Website dein tägliches Ernährungstagebuch zu führen oder wenn du bereits einige Wochen der Foodpunk-Keto-Ernährung folgst und das Einkaufen und Planen schon alltäglich geworden ist.

Weitere ketogene Rezepte Die Rezepte in diesem Buch und in meinen beiden vorhergehenden Büchern „Low Carb typgerecht" und „Low Carb typgerecht express", sind genau nach den angegebenen Nährwerten berechnet und zusammengestellt. In den Low-Carb-typgerechten-Büchern sind jeweils die 21 Rezepte aus Phase 1 ketogen und passen zum Keto-Kickstart in diesem Buch. Ich habe sie nicht auf Basis des Baukastens, sondern auf Basis der benötigten Menge an Protein, Kohlenhydraten und Fett exakt berechnet. Wundere dich daher nicht, wenn im Baukasten zum Beispiel 80 Gramm Avocado angegeben sind und in einem Rezept von mir eine andere Menge. Ich habe dann auch das Fett aus Ei, Fleisch & Co. miteinberechnet.

Mengentabelle Wie schon erwähnt, findest du auf www.foodpunk.de/keto-kickstart eine Tabelle, die genau auflistet, welches Lebensmittel du in exakt welcher Menge im Baukasten verwenden kannst. Das ist sozusagen die Profi-Variante des Baukastens

Baukasten: Eigene Keto-Rezepte selbst entwickeln

Für ein Frühstück

Wenn du ein Ernährungstagebuch führst und die Nährwerte mitrechnest, achte auf 6 Gramm Kohlenhydrate, 16 Gramm Protein und 26 Gramm Fett pro Frühstück.

Kohlenhydratquelle	150 g grünes Gemüse, 50 g Beeren	Wähle **eine Option** aus dieser Kategorie
Proteinquelle	2 Eier, 15 g Proteinpulver, 125 g griechischer Joghurt, 75 g Sahnequark, 50 g Geflügel, 50 g Fleisch, 50 g Fisch	Wähle **eine Option** aus dieser Kategorie
Fettquelle	100 g Kokosmilch, 20 g Kokosöl, 80 g Avocado, 20 g Butter, 20 ml MCT-Öl, 25 g Nüsse	Wähle **eine Option** aus dieser Kategorie

Für ein Mittagessen oder ein Abendessen

Wenn du ein Ernährungstagebuch führst und die Nährwerte mitrechnest, achte auf 12 Gramm Kohlenhydrate, 32 Gramm Protein und 52 Gramm Fett für ein Mittag- oder Abendessen.

Kohlenhydratquelle	150 g grünes Gemüse, 50 g Beeren	Wähle **zwei Optionen** aus dieser Kategorie (Gemüse und Beeren **oder** zwei Sorten Gemüse)
Proteinquelle	4 Eier, 30 g Proteinpulver, 100 g Geflügel, 100 g Fleisch, 100 g Fisch, 130 g Käse	Wähle **eine Option** aus dieser Kategorie
Fettquelle	100 ml Kokosmilch, 20 g Kokosöl, 80 g Avocado, 20 g Butter, 20 ml MCT-Öl, 25 g Nüsse	Wähle **eine Option** aus dieser Kategorie

und damit noch genauer. Statt „150 Gramm grünes Gemüse“ siehst du dort die genaue Menge einer bestimmten Gemüsesorte – denn jede Sorte hat natürlich einen etwas anderen Kohlenhydratgehalt.

Energiemenge

Die Rezepte im Buch sind auf 1600 Kilokalorien pro Tag berechnet. Auch der Baukasten orientiert sich an dieser Energiemenge. Das ist die Energie, die du benötigst, wenn du eine Frau bist, nicht häufig Sport treibst und eine moderate Menge abnehmen willst.

In anderen Fällen benötigst du mehr Energie, zum Beispiel, wenn du deutlich übergewichtig bist und größere Mengen abnehmen möchtest oder auch, wenn du sehr aktiv bist. Männer benötigen generell eine höhere Energiemenge als Frauen.

Um die Rezepte aus diesem Buch an deinen höheren Energiebedarf anzupassen, musst du lediglich die Fettmenge erhöhen. Die Kohlenhydrat- und Proteinmenge kannst du so lassen, du benötigst nur höhere Mengen guter Fette.

Idealerweise berechnest du deinen Energiebedarf (dazu gibt es viele Rechner online) und ziehst davon 10 bis 20 Prozent ab (wenn du abnehmen möchtest). Dann weißt du, ob du deutlich mehr als die 1600 Kilokalorien pro Tag essen kannst, die die Rezepte in diesem Buch enthalten.

Auf www.foodpunk.de/keto-kickstart findest du eine Liste mit verschiedenen Fettquellen und der benötigten Menge für 100 zusätzliche Kilokalorien.

Kalorien sind nicht dein Feind

Vergiss nicht: Die Ernährung ist so viel mehr als nur Kalorien. Kalorien sind nur ein Mittel, um ganz grob und ungefähr deinen Bedarf an Nahrung zu ermitteln.

Die meisten Menschen haben durch die höhere Thermogenese (Wärmeerzeugung durch die Aktivität des Stoffwechsels) in der ketogenen Ernährung einen höheren Abnahmeeffekt, und die klassische Theorie, dass man nur ausreichend Kalorien reduzieren müsse, um abzunehmen, greift dann nicht mehr, wenn man die Hormonbalance, entzündliche Prozesse, die Insulin/Glukagon-Ratio und andere Parameter beachtet.

Um den allzu starken Fokus auf Kalorien zu vermeiden, habe ich bei den Rezepten deshalb auf eine Angabe der Kalorien verzichtet.

Stattdessen ist zu jedem Rezept die enthaltene Menge an Kohlenhydraten, Protein (Eiweiß) und Fett notiert. Natürlich kann man auch daraus die enthaltene Kalorienmenge berechnen.

Für viele sind „Kalorien“ in den vergangenen Jahren aber der Feind geworden, darum möchte ich ihnen keine allzu große Plattform bieten.

Die langfristig ketogene Ernährung

Nun möchtest du gesund weitermachen, es aber etwas lockerer angehen. Und deine Ernährungsweise soll so flexibel und alltagstauglich wie möglich sein. In den 21 Tagen Keto-Kickstart hast du vieles eingeübt: mehr trinken, mehr Gemüse essen, hochwertiges Protein und gutes Fett verzehren.

Versuche, diese Prinzipien auch weiterhin so oft wie möglich umzusetzen. Mit den folgenden Informationen möchte ich dich dabei unterstützen, einfach und unkompliziert weiterhin auf deine Ziele hinzuarbeiten oder das Erreichte zu erhalten.

Übrigens: Ab Tag 22 darfst du auch einen Blick in das Kapitel „Desserts“ werfen. Wenn du den 21-Tage-Keto-Kickstart geschafft hast, kannst du dir im Rahmen deiner langfristigen Keto-Ernährung einmal die Woche ein feines Dessert aussuchen. Wenn du nicht weiter abnehmen möchtest, darfst du sogar öfter naschen.

Was ist mit Alkohol?

Ich bin ehrlich zu dir. Es gibt zwei Dinge, die ich sehr gerne mag. Kaffee und einen guten Gin. Den Kaffee habe ich lieben gelernt, als ich damals neben der Uni noch 40 Stunden Arbeit ins Wochenende gequetscht habe. Damals war Kaffee etwas, das mich „über Wasser“ gehalten hat. Mittlerweile genieße ich lieber zwei hochwertige Tassen Kaffee, ganz schwarz, pro Tag, weil ich ihn schätze, aber nicht mehr brauche.

Alkohol habe ich in meiner Jugend und in meinen Zwanzigern so gut wie nie getrunken, und so fiel es mir nie schwer, die vollkommene Askese zu empfehlen. Ich war zwar mit Schulfreunden und später Kommilitonen auf Partys, habe selbst aber meist nüchtern mitgetanzt. Erst im letzten Jahr habe ich das erste Mal einen echt guten Weißwein und Gin probiert (ein Bekannter hat ein Startup für hochwertige Spirituosen-Degustation und wir nahmen quasi an einer Marktforschung teil). Seitdem trinke ich sehr gerne einen guten Gin.

Richtig: Alkohol ist ein Nervengift. Alkohol unterbricht die Fettverbrennung. Du solltest darauf verzichten, wenn du Alterungsreaktionen verlangsamen und Gewicht verlieren willst. Alle Studien, die positive Eigenschaften von Rotwein und anderen Spirituosen hervorheben, sind im Grunde eine Farce, die uns gutes Gewissen einreden will (so viel Rotwein kannst du gar nicht trinken, dass das enthaltene Resveratrol eine positive Wirkung entfaltet. Außerdem überwiegt der negative Effekt des Alkohols bei diesen Dosen definitiv).

Ich für mich habe beschlossen, hin und wieder etwas zu trinken. Nicht das alltägliche Feierabendbier und nicht den abendlichen Rotwein auf der Couch. Aber selten hochwertigen Alkohol.
Die Entscheidung kann ich dir nicht abnehmen. Aber ich kann dir sagen, dass du in den ersten 21 Tagen (besser drei Monaten) der Umstellung komplett darauf verzichten musst. Sonst stehst du dir selbst im Weg und machst dir die Umstellung unnötig schwer. Und 21 bis 90 Tage sind wirklich easy.

Entscheide bewusst

Dann, wenn die Umstellung erfolgt ist und dein Körper gut ketoadaptiert ist, kannst du für dich die Entscheidung treffen, ob du selten ein gutes Glas genießen möchtest. Wenn du dich dafür entscheidest, gebe ich dir folgende Tipps mit:

Trinke Alkohol ohne Kohlenhydrate Bier ist die schlimmste Wahl, die du im Bereich der Alkoholika treffen kannst (viele Kohlenhydrate und viel Gluten), direkt danach folgen alle gezuckerten Longdrinks – Cola & Co. brauchst du wirklich nicht.

Genieße trockenen Wein oder hochwertigen Gin, Whiskey oder Vodka (am besten sour, also mit Zitronensaft, oder auf Eis, nicht als zuckrigen Longdrink).

Sorge für Entgiftung Unterstütze dein körpereigenes Entgiftungssystem mit Vitamin C, liposomalem Glutathion und Kohletabletten (auf www.foodpunk.de/keto-kick start findest du eine Anleitung, wie du in der Silvesternacht oder bei anderen Feierlichkeiten deinen Entgiftungsapparat optimal unterstützt).
Glutathion ist übrigens ein wichtiges Antioxidans, das in der Leber für Entgiftungsreaktionen notwendig ist. Der Körper synthetisiert es selbst und kann es nur schwer aufnehmen. Liegt es in der sogenannten liposomalen Form vor, erfolgt die Aufnahme besser. Dabei ist das Glutathion sozusagen von kleinen Fetttröpfchen ummantelt.

Nichts Süßes Halte dich fern von Süßigkeiten und Fast Food, denn Alkohol senkt die Hemmschwelle, bei Junk Food zuzugreifen.

Nicht als Ersatz Wenn du merkst, dass du bei Alkohol zugreifst, weil du Spaß haben oder dich belohnen willst: Stop! Dann bist du eine Person, die ab sofort darauf verzichten sollte, denn Alkohol ist kein Ersatz und kein Helfer für ein erfülltes Leben.

Intermittierendes Fasten

Viele Anhänger der Keto-Ernährung kennen den Butterkaffee („Bulletproof Coffee"). Er wird oft als Ersatz für das Frühstück empfohlen, um das sogenannte intermittierende Fasten zu ermöglichen. Das intermittierende Fasten mit Bulletproof Coffee ist eine Art des Teilzeitfastens, bei der man nach dem Abendessen eine 16-stündige Pause bis zur nächsten festen Mahlzeit verstreichen lässt und das Frühstück dafür durch einen Butterkaffee ersetzt. Das intermittierende Fasten ist neben der ketogenen Ernährung ein weiteres effektives Werkzeug aus der Trickkiste des Ernährungswissenschaftlers. Dennoch solltest du zu Beginn Abstand davon nehmen. Stellst du zeitgleich auf Keto-Ernährung und intermittierendes Fasten um, ist das einfach zu viel für deinen Körper. Du musst erst die Fettverbrennung trainieren und kannst dann im zweiten Schritt, nach einer Umstellungsphase von mindestens 21 Tagen bis 3 Monaten, das intermittierende Fasten einbauen. Frauen sollten nicht öfter als drei- bis viermal pro Woche das Frühstück ausfallen lassen. Mehr Infos dazu findest du in der Wissensrubrik auf www.foodpunk.de/keto-kickstart.

Refeeds und Cheat Day

In der Fitnessszene werden oft Cheat Days propagiert. Fitness-Youtuber filmen sich sogar dabei, wie sie an einem Sonntag komplette Fast-Food-Menüs, mehrere Pizzen, mehrere Packungen Eis und Süßigkeiten verschlingen. So lange, bis der Magen schmerzt und sie nur noch mit flauem Gefühl auf der Couch liegen können. Ungeachtet der Tatsache, dass das aus meiner Sicht absolut keinen Genuss mehr darstellt, sehe ich das mit meinem Background als höchst gefährlich an. Ich litt mehrere Monate lang an schlimmen Heißhungerattacken aufgrund meiner damals falschen Ernährung und empfand diesen Zustand definitiv nicht als angenehm. Da die typische Bodybuilder-Diät (High Protein, Low Fat) Mangel fördert und Heißhunger anstachelt, würde ich sogar so weit gehen zu behaupten, dass diese Eskapaden nur eine Maskierung eines grundlegenden Problems sind. Hier wird ein Verhalten gefeiert, dass eigentlich behandlungsbedürftig ist und mit echter, guter Nahrung behandelt werden sollte.

Cheat Days sind kein Teil einer gesunden Ernährung. Ja, es ist okay, sich einmal eine Süßigkeit zu nehmen. Ja, es ist okay, mal ein Stück Kuchen von Mama zu essen. Ja, es ist okay, an einem schönen Sommertag mal mit Freunden Eis zu essen. Aber – es ist nicht gesund, nicht erstrebenswert und nicht feierlich, sich mit so viel Essen vollzustopfen, dass der Körper nicht mehr kann und der Genuss der einzelnen Speise absolut nicht mehr im Vordergrund steht.

Refeed Dennoch kann es sinnvoll sein, an bestimmten Tagen etwas mehr Kohlenhydrate zu essen. Gezielt, mit Genuss und ohne Exzess. Ich nenne dies einen Refeed – eine Erhöhung der Kohlenhydrate, die auf biochemischer Ebene Sinn macht.

Leptin Isst man lange kohlenhydratarm, kann ein Hormon namens Leptin abnehmen, das für Sättigung und Fettverbrennung notwendig ist. Besonders bei schlanken Menschen ist dieses Hormon von Bedeutung (Übergewichtige können das Hormon aufgrund einer sogenannten Leptinresistenz oft gar nicht nutzen). Mit einer gezielten Erhöhung der Kohlenhydratmenge kann das Hormon Leptin erhöht werden. Dafür kannst du beispielsweise die Menge der verzehrten Kohlenhydrate für zwei Wochen auf 50 bis 100 Gramm erhöhen oder an einzelnen Tagen 100 bis 150 Gramm Kohlenhydrate essen. Greife dabei am besten zu gesunden Kohlenhydratquellen, zum Beispiel Süßkartoffeln, Bananen oder auch mal Reis.

Essen auf Reisen und im Restaurant

In den ersten 21 Tagen solltest du selbst kochen. Nur so hast du voll unter Kontrolle, was du täglich verzehrst. Du kannst auf diese Weise darauf achten, dass du genug Mikronährstoffe aus Gemüse und hochwertige Fett- und Proteinquellen verzehrst. Langfristig kannst du die ketogene Ernährung definitiv auch mit Leichtigkeit unterwegs umsetzen.

Im Restaurant gibt es meist die Möglichkeit, ein schönes Stück Fleisch oder Fisch zu ordern. Dazu kannst du einen gemischten Salat, gedünstetes oder gegrilltes Gemüse wählen. Verzichte auf fertige Dips und Saucen und bestelle frisches Olivenöl oder Butter dazu, um ausreichend Fett für eine gute Sättigung zu haben. Auf Reisen kannst du in Hotels bei der Eier-und-Bacon-Station zugreifen. Oft gibt es morgens auch Nüsse (an der Müslibar) und Rohkost (manchmal auch gedünstete Champignons).

Wenn du unterwegs bist, kannst du im Supermarkt Räucherlachs, Macadamias und Cocktailtomaten, Minikarotten oder auch Salatgurke für den schnellen Hunger mitnehmen. Online findest du außerdem Beef Jerky (Trockenfleisch) vom Weiderind, das du zusammen mit Nüssen immer in der Tasche dabeihaben kannst.

Je länger du ketogen isst, desto mehr wirst du merken, dass das auswärts Essen wirklich simpel ist. Orientiere dich an den passenden Lebensmitteln und mach dich nicht verrückt, wenn du es einmal nicht perfekt hinbekommst. Wenn du es im Urlaub einmal gar nicht schaffen solltest, ketogen oder Low Carb zu essen, kannst du mit dem 3-Tage-Carb-Detox (siehe Seite 41) schnell wieder in die Ketose kommen.

Ich selbst mache mir vor Reisen gar keine Gedanken mehr. Wenn es an einem Tag, an dem ich viel unterwegs bin, keine Gelegenheit gibt, gut zu essen, dann lege ich

Was ist Paleo?

Paleo ist eine Ernährungsform, bei der natürliche Lebensmittel im Fokus stehen. Dabei wird auf Zucker, Zusatzstoffe, Getreide, Hülsenfrüchte und Milchprodukte verzichtet. Rezepte, die in diesem Buch mit Paleo gekennzeichnet sind, enthalten keine Milchprodukte. Die anderen Faktoren der Paleo-Ernährung sind für mich ohnehin selbstverständlich und treffen auf alle Rezepte hier zu.

Seit der Steinzeit haben sich die Gene des Menschen nicht groß verändert. Vielmehr hat sich der menschliche Organismus perfekt an diese Form der Nahrungszufuhr angepasst. Die damals verzehrten Speisen sind also die perfekte Ernährung für uns. Da man diese Zeit als „Paläolithikum" bezeichnet, hat sich, daraus abgeleitet, der Begriff „Paleo" ergeben.

Denkst du bei „Paleo" an bärtige Männer, die mit Speeren Mammuts hinterherjagen? Mag sein. Dabei ist Paleo so viel mehr als Steinzeitromantik. Diese Ernährungsform macht auch aus heutiger wissenschaftlicher Sicht Sinn. Sie ist in einigen Studien untersucht worden, in denen sie mit verbesserten Blutzuckerwerten, verringerten Entzündungsreaktionen und einer verbesserten Herz-Kreislauf-Gesundheit in Verbindung gebracht werden konnte.

einfach einmal intermittierendes Fasten ein. Ich lasse dann eine Mahlzeit ausfallen (meistens das Frühstück oder Mittagessen) und genieße bei meiner nächsten Ketomahlzeit eine umso größere Portion. Da du nach der Ketoadaption keinen drängenden Hunger und keine Unkonzentriertheit mehr verspüren wirst, wenn es nicht um Punkt 12 Mittagessen gibt, wirst du viel freier und entspannter an Reisen herangehen können.

Hinweise zu den Rezepten

Das in den Rezepten dieses Buches angegebene Gewicht der Zutaten bezieht sich immer auf das Verzehrgewicht – also Gemüse ohne Schale, Kerne und andere ungenießbare Anteile, bei Tiefkühlprodukten ist das Abtropfgewicht angegeben, Fleisch und Geflügel werden ohne Knochen, Garnelen (Krabben) ohne Schale gewogen.

Die meisten Rezepte sind für mehrere Portionen berechnet. So kannst du entweder für deine Familie mitkochen oder gleich dein eigenes Essen für mehrere Tage vorbereiten. Wenn du einfach ein Gericht in vielfacher Menge zubereitest, sparst du dir viel Aufwand. Du kannst sogar Gerichte einfrieren (Suppen eignen sich besonders gut) und als gesundes Fast Food in stressigen Zeiten schnell auftauen.

Zusammenfassend ein Gedanke, bevor du in die Küche gehst und mit der Zubereitung eines Gerichts anfängst: Für mich sind die ketogene Ernährung und die Paleo-Ernährung ein perfektes Paar – wenig Kohlenhydrate, gutes Fett und natürliche, möglichst unverarbeitete Nahrungsmittel.

Die Rezeptkategorien

Damit du dich blitzschnell in den Rezepten zurechtfindest, ist jedes Rezept mit entsprechenden Icons gekennzeichnet. Hier siehst du, was sie bedeuten:

Paleo

Vegetarisch

Vegan

Welche Proteinquelle ist enthalten?

Mit Milchprodukten

Mit Proteinpulver

Mit Rind

Mit Schwein

Mit Hähnchen

Mit Pute

Mit Lamm

Mit Meeresfrüchten

Mit Fisch

Mit Eiern

Zum Mitnehmen außer Haus, auch kalt zu verzehren

to go

Frühstück

Knuspermüsli mit Himbeeren und Joghurt

Nährwerte pro Portion: 6,0 g Kohlenhydrate • 14,2 g Eiweiß • 27,4 g Fett – **Zubereitungszeit:** 5 Min.

Zutaten:

Für 2 Portionen

* 200 g griechischer Joghurt (10 % Fett)
* 20 g Collagen-Proteinpulver
* 10 ml MCT-Öl
* 60 g frische Himbeeren
* 40 g Knuspermüsli (siehe Seite 182)

Zubereitung:

Den Joghurt mit dem Collagen-Proteinpulver und dem MCT-Öl glatt rühren.

Anrichten und mit den Himbeeren und dem Knuspermüsli toppen.

Mein Tipp:
Die Himbeeren tiefgekühlt kaufen und am Abend zuvor im Kühlschrank auftauen.

Keto-Blaubeer-Pancakes

Nährwerte pro Portion: 5,9 g Kohlenhydrate • 16,2 g Eiweiß • 27,6 g Fett – **Zubereitungszeit:** 10 Min.

Zutaten:

Für 2 Portionen

* 4 Eier
* 1 Prise Salz
* 2 gehäufte TL Kokosmehl
* 120 g Blaubeeren
* 30 g Kokosöl
* Erythrit (optional) in Pulverform

Zubereitung:

Eier trennen. Eiweiß mit Salz zu steifem Eischnee schlagen. Eigelb verquirlen und den Eischnee unterheben. Kokosmehl einrühren. Die Hälfte der Blaubeeren in den Teig geben.

Öl erhitzen und den Teig darin zu handflächengroßen Pancakes ausbacken. Mit Blaubeeren anrichten. Mit Erythrit bestäuben.

Mein Tipp:
Teig in Muffinformen füllen, bei 180 °C 20 Minuten backen.

Good
Morning

Seite 87: Himbeer-Kokos-Power-Bowl

Kokos-Spinat-Power-Smoothie

Nährwerte pro Portion: 6,0 g Kohlenhydrate • 17,8 g Eiweiß • 27,8 g Fett – **Zubereitungszeit:** 10 Min.

Zutaten:

Für 1 Portion

* 100 g Spinat (TK oder frisch)
* 5 g Kokosöl
* 125 ml Kokosmilch
* 15 g Collagen-Proteinpulver

Zubereitung:

Tiefkühl-Spinat über Nacht auftauen lassen und gut ausdrücken bzw. frischen Spinat waschen und abtropfen lassen. Den Spinat grob hacken.

Das Kokosöl erhitzen und den Spinat darin 5 Minuten andünsten, bis er zusammenfällt. Spinat und Kokosmilch pürieren, dabei nach Belieben etwas Wasser dazugeben. Das Collagen-Proteinpulver einrühren. Sofort genießen.

Himbeer-Kokos-Power-Bowl

Nährwerte pro Portion: 6,0 g Kohlenhydrate • 17,3 g Eiweiß • 26,0 g Fett – **Zubereitungszeit:** 5 Min.

Zutaten:

Für 1 Portion

* 60 g Himbeeren (TK oder frisch)
* 40 g Kokosmus
* 50 ml Wasser
* 15 g Collagen-Proteinpulver
* gemahlene Vanille (optional)
* Erythrit (optional) in Pulverform
* Minze (optional)

Zubereitung:

Tiefgekühlte Himbeeren über Nacht auftauen lassen.

Himbeeren, Kokosmus und Wasser in einem Mixer fein pürieren. Das Collagen-Proteinpulver einrühren. Nach Belieben mit gemahlener Vanille und Erythrit würzen und mit Minze garnieren.

Mein Tipp:

Der Spinatsmoothie ist ultra low carb und nichts für einen Gaumen, der es lieber etwas süßer mag. Du kannst ihn und die Himbeerbowl auch vegan gestalten, indem du ein veganes Proteinpulver verwendest. Auch Molken-Proteinpulver ist eine Option, damit werden beide vegetarisch. Für den besten Effekt empfehle ich allerdings Collagen-Proteinpulver.

Feine Lauchquiche

Nährwerte pro Portion: 6,1 g Kohlenhydrate • 16,1 g Eiweiß • 26,6 g Fett

Zubereitungszeit: 40 Minuten

Zutaten:

Für 2 Portionen

* 200 g Lauch
* 10 g Weidebutter
* 4 Eier
* 70 g Sahne
* Salz, Pfeffer

Zubereitung:

Den Backofen auf 180 °C (Umluft 160 °C, Gas Stufe 2–3) vorheizen. Eine kleine Auflaufform (13 x 18 Zentimeter) bereitstellen.

Den Lauch waschen und in feine Röllchen schneiden. Die Butter erhitzen und den Lauch darin anschwitzen, bis er weich ist. In die Auflaufform geben und etwas abkühlen lassen.

Die Eier mit der Sahne verquirlen, salzen und pfeffern. Mischung über den Lauch geben und alles mit einer Gabel vermengen.

Die Form in den Backofen stellen und die Lauchquiche ca. 25 Minuten backen, bis das Ei vollkommen gestockt und die Oberfläche schön goldfarben ist.

Mein Tipp:
Zum Garnieren kannst du frische Petersilie nehmen. Sie liefert dir zusätzliches Vitamin C.

Frühstückssalat mit Feta

Nährwerte pro Portion: 6,0 g Kohlenhydrate • 15,7 g Eiweiß • 25,6 g Fett – **Zubereitungszeit:** 10 Min.

Zutaten:

Für 2 Portionen
* 100 g Feldsalat
* 200 g Himbeeren
* 10 ml Avocadoöl
* 2 TL Apfelessig
* Salz, Pfeffer
* 170 g Feta (Schafs- oder Ziegenkäse)

Zubereitung:

Den Feldsalat waschen. Die Himbeeren verlesen. Beides miteinander vermengen.

Die Feldsalat-Himbeeren-Mischung mit Avocadoöl, Apfelessig, Salz und Pfeffer anmachen.

Den Käse darüber bröseln. Den Salat frisch verzehren.

Spiegelei mit Bacon und Zwiebel

Nährwerte pro Portion: 6,0 g Kohlenhydrate • 16,0 g Eiweiß • 26,0 g Fett – **Zubereitungszeit:** 15 Min.

Zutaten:

Für 2 Portionen
* 180 g Gemüsezwiebel
* 40 g Bacon (Speck)
* 20 g Weidebutter
* 4 Eier
* Salz, Pfeffer
* Petersilie

Zubereitung:

Die Zwiebel abziehen und fein hacken. Speck in einer Pfanne erhitzen, bis er durch die eigene Fettabgabe kross wird, und zur Seite schieben. Die gehackte Zwiebel in die Pfanne geben und ca. 10 Minuten bei schwacher Hitze schmoren lassen.

Die Butter in einer zweiten Pfanne erhitzen, die Eier aufschlagen, hineingleiten lassen und zu Spiegeleiern braten. Mit Salz und Pfeffer würzen.

Petersilie waschen, trocken schütteln und fein hacken. Die Spiegeleier mit Bacon und Zwiebel auf zwei Tellern anrichten und mit der Petersilie garnieren.

Spiegelei mit Guacamole

Nährwerte pro Portion: 6,0 g Kohlenhydrate • 16,0 g Eiweiß • 24,4 g Fett – **Zubereitungszeit:** 10 Min.

Zutaten:

Für 2 Portionen
* 10 g Butterschmalz
* 4 Eier
* 250 g Cocktailtomaten
* 60 g Keto-Guacamole (siehe Seite 186)
* Kresse
* Salz, Pfeffer

Zubereitung:

Das Butterschmalz in einer Pfanne erhitzen. Die Eier aufschlagen, hineingleiten lassen und zu Spiegeleiern braten.

Die Tomaten waschen und halbieren. Die halbierten Tomaten mit der Guacamole und den Spiegeleiern auf zwei Tellern anrichten und mit Kresse dekorieren.

Nach Bedarf mit Salz und Pfeffer würzen.

Sahniges Rührei

Nährwerte pro Portion: 6,0 g Kohlenhydrate • 15,7 g Eiweiß • 26,3 g Fett – **Zubereitungszeit:** 10 Min.

Zutaten:

Für 2 Portionen
* 3 Eier
* 60 g Sahne
* Salz, Pfeffer
* 260 g Champignons
* 110 g gelbe Paprikaschote
* 20 g Weidebutter
* Schnittlauch

Zubereitung:

Die Eier aufschlagen, in eine Schüssel gleiten lassen und mit der Sahne verquirlen. Mit Salz und Pfeffer würzen.

Die Champignons putzen und in Scheiben schneiden. Die Paprikaschote waschen und fein würfeln. Die Hälfte der Butter in einer Pfanne erhitzen und die Champignons darin ca. 5 Minuten dünsten, bis sie weich sind. Die Paprikawürfel dazugeben und kurz miterhitzen.

Das Gemüse zur Seite schieben. Die restliche Butter in der Pfanne erhitzen, das Ei hineingießen und unter Rühren zu Rührei braten.

Schnittlauch waschen, trocken schütteln und in Röllchen schneiden. Das Rührei auf zwei Tellern anrichten und mit Schnittlauchröllchen garnieren.

Egg Benedict mit Keto-Baguette

Nährwerte pro Portion: 6,0 g Kohlenhydrate • 16,1 g Eiweiß • 26,4 g Fett

Zubereitungszeit: 15 Minuten + 60 Minuten Backzeit

Zutaten:

Für 2 Portionen

* 60 g Keto-Baguette (siehe Tipp)
* 200 g Spinat (TK oder frisch)
* Salz, Pfeffer
* 1 EL Apfelessig zum Pochieren
* 2 Eier
* 110 g gelbe Paprikaschote
* 60 g Sauce hollandaise (siehe Seite 185)
* Petersilie, frisch gehackt

Zubereitung:

Das Baguette nach Packungsanweisung backen und auskühlen lassen. Die benötigte Menge abschneiden und den Rest einfrieren.

Spinat auftauen lassen bzw. waschen. In einer Pfanne mit etwas Wasser weich dünsten, salzen und pfeffern.

In einem Topf Wasser aufkochen, Essig zufügen und die Hitzezufuhr reduzieren. Mit einer Gabel einen Strudel in das Wasser rühren. Das erste Ei aufschlagen, hineingleiten lassen und in 2 bis 3 Minuten stocken lassen. Mit einer Schaumkelle herausheben und warm halten. Das zweite Ei ebenso pochieren.

Die Paprikaschote waschen und in feine Streifen schneiden. Die Sauce hollandaise bei schwacher Hitze langsam erwärmen.

Das Brot im Toaster anrösten und auf zwei Teller legen. Je mit etwas Spinat und einem Ei belegen und mit der Sauce hollandaise begießen. Die Paprikastreifen und den restlichen Spinat dazu anrichten. Mit Petersilie garnieren.

Mein Tipp:

Du kannst die Foodpunk-Backmischung „Le Bread – Superbrot Baguette“ nehmen: Brot backen, in Scheiben schneiden, einfrieren, nach Bedarf entnehmen, im Toaster anknuspern.

Käse-Sandwich mit Keto-Körnerbrot

Nährwerte pro Portion: 6,0 g Kohlenhydrate • 15,8 g Eiweiß • 24,2 g Fett

Zubereitungszeit: 10 Minuten + 60 Minuten Backzeit

Zutaten:

Für 2 Portionen

* 120 g Keto-Körnerbrot (siehe Tipp)
* 10 g Weidebutter
* 480 g Salatgurke
* 60 g Gouda in Scheiben
* Kresse

Zubereitung:

Das Keto-Körnerbrot nach Packungsanweisung backen und vollkommen auskühlen lassen. Die benötigte Menge in dicken Scheiben abschneiden.

Die Brotscheiben quer halbieren und mit Butter bestreichen. Die Gurke waschen, nach Bedarf schälen und in Streifen schneiden.

Die unteren Brothälften mit Gouda, Gurke und Kresse garnieren. Die oberen Brothälften als Sandwich auflegen.

Meine Tipps:

Damit man nicht stets auf Brot und Backwaren verzichten muss, habe ich einige Jahre an einer perfekten Mischung getüftelt. Du kannst für dieses Rezept die Foodpunk-Backmischung „Hanfbread – Superbrot Körner" verwenden, worauf ich die Nährwerte in diesem Rezept optimiert habe.

Das Brot kannst du backen, in Scheiben schneiden und einfrieren. Dann kannst du ganz einfach je nach Bedarf die Scheiben entnehmen und im Toaster anknuspern.

Du möchtest keine Mischung nutzen? Dann stöbere einmal durch das www und verwende ein Rezept für Ketobrot mit unter 3 Gramm Kohlenhydraten pro 100 Gramm.

Foodpunk-Keto-Kaffee

Nährwerte pro Portion: 6,0 g Kohlenhydrate • 15,2 g Eiweiß • 25,7 g Fett

Zubereitungs-zeit: 5 Minuten

Zutaten:

Für 1 Portion
* 200 ml Kaffee
* 20 g Weidebutter
* 10 ml MCT-Öl
* 15 g Collagen-Proteinpulver
* 120 g Himbeeren

Zubereitung:

Den frisch gebrühten Kaffee in einen Mixer geben.

Die Butter und das MCT-Öl dazugeben und alles schaumig mixen. Das Collagen-Proteinpulver einrühren.

Die Himbeeren separat dazu genießen.

Meine Tipps:

Verwende für die heißen Getränke keinen luftdicht geschlossenen Mixer, sondern immer einen Mixer, dessen Öffnung oben ist. Die heiße Luft muss entweichen können.

Mit Keto-Getränken zum Frühstück bist du in Nullkommanichts gerüstet für einen anstrengenden Tag. Dein Körper tankt pure Keto-Energie und du kannst sofort mit voller Power in deine Projekte starten. Nach den ersten 21 Tagen kannst du dich an das intermittierende Fasten herantasten. Dieses Rezept kannst du dann als Frühstück einsetzen, wenn du Collagen-Proteinpulver und Himbeeren weglässt.

Foodpunk-Keto-Vanillemilch

Nährwerte pro Portion: 5,9 g Kohlenhydrate • 14,6 g Eiweiß • 25,7 g Fett

Zubereitungs-
zeit: 5 Minuten

Zutaten:

Für 1 Portion

* 200 ml heißes Wasser
* ¼ TL gemahlene Vanille
* 20 g Weidebutter
* 10 ml MCT-Öl
* 15 g Collagen-Proteinpulver
* 100 g Erdbeeren

Zubereitung:

Das Wasser mit der gemahlenen Vanille in einen Mixer geben. Die Butter und das MCT-Öl dazugeben und alles zusammen schaumig mixen. Das Collagen-Proteinpulver einrühren.

Erdbeeren waschen und nach Bedarf halbieren. Die Vanillemilch zusammen mit den Erdbeeren genießen.

Mein Tipp:

Nach den ersten 21 Tagen kannst du dich an das intermittierende Fasten (siehe Seite 77) herantasten. Dieses Rezept kannst du dann als Frühstück einsetzen, wenn du Collagen-Proteinpulver und Erdbeeren weglässt.

Foodpunk-Keto-Matcha

Nährwerte pro Portion: 5,9 g Kohlenhydrate • 14,6 g Eiweiß • 26,1 g Fett – Zubereitungszeit: 5 Min.

Zutaten:

Für 1 Portion

* 200 ml heißes Wasser
* 1 TL Matcha-Pulver
* 60 ml Kokosmilch
* 15 g Kokosöl
* 15 g Collagen-Proteinpulver
* 60 g Blaubeeren

Zubereitung:

Das Wasser aufkochen und kurz abkühlen lassen. Das Wasser, das Matcha-Pulver, die Kokosmilch und das Kokosöl in einen Mixer geben und 1 Minute schaumig mixen. Das Collagen-Proteinpulver einrühren.

Den Matcha-Tee mit den Blaubeeren genießen.

Mein Tipp:
Nach den ersten 21 Tagen kannst du dieses Rezept auch ohne Collagen-Proteinpulver und Blaubeeren testen.

Wärmende Frühstücksbrühe

Nährwerte pro Portion: 6,1 g Kohlenhydrate • 16,0 g Eiweiß • 26,7 g Fett – Zubereitungszeit: 10 Min., wenn die Brühe vorgekocht ist

Zutaten:

Für 1 Portion

* 300 ml Rinderknochenbrühe (siehe Seite 186 oder als „Bone Broth“ aus dem Bioladen)
* 20 g Ingwer
* 25 g Kokosöl
* 100 g Cocktailtomaten

Zubereitung:

Die Brühe erwärmen. Den Ingwer schälen und in grobe Stücke schneiden. Die Brühe, den Ingwer und das Kokosöl in einen Mixer geben und schaumig mixen.

Die Tomaten waschen und zu der Brühe dazu verzehren.

Mein Tipp:
Die wärmende Brühe ist ideal an kalten Wintertagen. Halbiere die Tomaten und erwärme sie in der Brühe.

Tahini-Fudge

Nährwerte pro Portion: 5,9 g Kohlenhydrate • 18,2 g Eiweiß • 27,6 g Fett

Zubereitungszeit: 10 Minuten + Kühlzeit

Zutaten:

Für 4 Portionen

* 80 g Sesammus (Tahini)
* 60 g Weidebutter
* 40 g Collagen-Proteinpulver
* 60 g Kakaopulver
* ½ TL Zimt
* ½ TL Maca (optional)
* ½ TL Kurkuma (optional)
* ½ TL gemahlene Vanille (optional)
* 1 Messerspitze Cayennepfeffer (optional)
* 240 g Blaubeeren

Zubereitung:

Eine kleine Auflaufform (13 x 18 Zentimeter) mit Backpapier auslegen.

Sesammus und Butter in einem Topf bei mittlerer Hitze verflüssigen. Das Collagen-Proteinpulver und das Kakaopulver einrühren und gut würzen.

Die Masse in die Auflaufform oder in eine Silikon-Eiswürfel-Form gießen und im Kühlschrank in mindestens 30 Minuten fest werden lassen. Die Masse aus der Auflaufform in vier Portionen schneiden.

Die Blaubeeren nach Bedarf waschen. Das Tahini-Fudge mit den Blaubeeren genießen.

Mein Tipp:
Du magst es süß, schokoladig oder nussig? Dann sind die Keto-Fudge-Varianten, auch Fatbombs genannt, perfekt für dein schnelles Frühstück. Am Wochenende kannst du davon die vielfache Menge vorbereiten. Du kannst sie einfrieren und so immer parat haben. Du kombinierst sie zum Frühstück mit ein paar frischen Beeren und bist ready to go! Du kannst sie im Kühlschrank sieben Tage und im Gefrierfach noch länger aufbewahren. Eine Portion Tahini-Fudge in den morgendlichen Kaffee einrühren und fertig ist ein würzig-aromatischer Superfood-Kaffee.

Macadamia-Fudge

Nährwerte pro Portion: 6,1 g Kohlenhydrate • 16,5 g Eiweiß • 24,3 g Fett –
Zubereitungszeit: 10 Min. + Kühlzeit

Zutaten:

Für 4 Portionen

* 40 g Macadamias
* 20 g Kakaobutter
* 80 g Mandelmus
* 60 g Molken-Proteinpulver
* 220 g Himbeeren
* Erythrit (optional) in Pulverform

Zubereitung:

Eine kleine Auflaufform (13 x 18 Zentimeter) mit Backpapier auslegen. Die Macadamias hacken. Die Kakaobutter und das Mandelmus in einem Topf bei mittlerer Hitze verflüssigen. Macadamias und Molken-Proteinpulver einrühren.

Die Masse in die Auflaufform oder in eine Silikon-Eiswürfel-Form gießen und im Kühlschrank in mindestens 30 Minuten fest werden lassen. Die Masse aus der Auflaufform in Stücke schneiden.

Himbeeren zum Fudge genießen. Optional mit Erytrhit bestäuben.

Schoko-Kokos-Fudge

Nährwerte pro Portion: 6,1 g Kohlenhydrate • 16,5 g Eiweiß • 24,3 g Fett –
Zubereitungszeit: 10 Min. + Kühlzeit

Zutaten:

Für 4 Portionen

* 40 g Kokosraspel
* 50 ml Wasser
* 60 g Kokosmus
* 20 g Kokosöl
* 40 g Kakaopulver
* 60 g Molken-Proteinpulver
* 160 g Erdbeeren
* Erythrit (optional) in Pulverform

Zubereitung:

Kokosraspel mit Wasser bedecken und 30 Minuten ziehen lassen. Das Wasser abgießen. Eine Auflaufform mit Backpapier auslegen.

Kokosmus und Kokosöl in einem Topf bei mittlerer Hitze schmelzen. Die eingeweichten Kokosraspel, das Kakaopulver und das Molken-Proteinpulver einrühren.

Die Masse in die Auflaufform oder in eine Silikon-Eiswürfel-Form gießen und im Kühlschrank in mindestens 30 Minuten fest werden lassen. Die Masse aus der Auflaufform in Stücke schneiden.

Die Erdbeeren waschen, nach Bedarf halbieren und zum Fudge genießen. Optional mit Erythrit bestäuben.

Frühstücksbrownies

Nährwerte pro Portion: 6,0 g Kohlenhydrate • 16,1 g Eiweiß • 24,4 g Fett

Zubereitungszeit: 40 Minuten

Zutaten:

Für 2 Portionen

* 200 g Zucchini
* 30 g zimmerwarme Weidebutter
* 3 zimmerwarme Eier
* 40 g Kakaopulver
* 20 g Erythrit (optional) in Pulverform

Zubereitung:

Backofen auf 160 °C (Umluft 140 °C, Gas Stufe 1–2) vorheizen. Eine Auflaufform (13 x 18 Zentimeter) mit Backpapier auslegen.

Die Zucchini waschen, nach Bedarf schälen und fein raspeln.

Die Butter in ein hohes Gefäß geben und mit einem Pürierstab schaumig schlagen. Die Eier nacheinander aufschlagen und einrühren. Das Kakaopulver unterrühren und nach Bedarf mit Erythrit süßen.

Den Teig in die Form geben und gleichmäßig verteilen. Die Form in den Backofen stellen und die Brownies 30 Minuten backen.

Mein Tipp:
Das Erythrit ist optional. Du kannst auch mehr oder weniger verwenden, je nachdem, wie süß du es magst.

Keto-Cashew-Kokosriegel

Nährwerte pro Portion: 5,5 g Kohlenhydrate • 14,3 g Eiweiß • 26,8 g Fett

Zubereitungszeit: 10 Minuten plus Kühlzeit

Zutaten:

Für 4 Portionen

* 60 g Kokosöl
* 100 g Cashewmus
* 40 g Collagen-Proteinpulver

Zubereitung:

Das Kokosöl in einem Topf bei schwacher Hitze langsam schmelzen. Das Cashewmus einrühren, bis alles flüssig und gleichmäßig vermengt ist. Zuletzt das Collagen-Proteinpulver dazugeben.

Eine kleine Auflaufform (13 x 18 Zentimeter) mit Backpapier auslegen oder eine Riegelform aus Silikon verwenden. Die Masse in die gewählte Form gießen und gleichmäßig darin verteilen.

Die Form in den Kühlschrank stellen und die Masse fest werden lassen – das dauert mindestens 1 Stunde. Nach dem Abkühlen in Riegel schneiden.

Meine Tipps:
Ich persönlich mag die Kokosriegelmasse lieber in kleinen Happen verzehren und gieße deshalb die Masse in Eiswürfelformen aus Silikon. Zum extra schnellen Festwerden kannst du die Form in ein Gefrierfach stellen.

Du kannst die Riegel im Gefrierfach oder im Kühlschrank aufbewahren. Da Kokosöl bei 27 °C schmilzt, solltest du sie im Sommer nicht in der Tasche vergessen.

Chocolate-Truffle

Nährwerte pro Portion: 6,1 g Kohlenhydrate • 14,2 g Eiweiß • 26,1 g Fett

Zubereitungszeit: 10 Minuten + Kühlzeit

Zutaten:

Für 4 Portionen

* 60 g Kokosmus
* 40 g Mandelmus
* 40 g Weidebutter
* 40 g Kakaopulver
* 40 g Collagen-Proteinpulver
* 120 g Erdbeeren

Zubereitung:

Das Kokosmus, das Mandelmus und die Butter in einen Topf geben und bei mittlerer Hitze verflüssigen.

30 Gramm Kakaopulver und das Collagen-Proteinpulver einrühren. Die Masse in eine Schüssel umfüllen und zum Abkühlen in den Kühlschrank stellen.

Wenn die Masse festgeworden ist, mit einer Gabel durchrühren. Mit den Händen je 2 Teelöffel der Masse zu einer Kugel formen.

Die Kugeln im restlichen Kakaopulver wälzen und bis zum Verzehr in den Kühlschrank stellen.

Die Erdbeeren waschen und nach Bedarf halbieren. Die Schokoladenkugeln mit den Erdbeeren verzehren.

Mein Tipp:
Wenn du keine schokoladigen Hände haben möchtest, dann kannst du dir Küchenhandschuhe anziehen. Und um die Masse genauer aufzuteilen, kannst du sie auch zuerst in vier Portionen teilen und im Anschluss daran dann so viele Kugeln aus jeder Portion daraus formen, wie du möchtest.

Mittagessen

Frühlingssalat mit Spargel und Erdbeeren

Zubereitungszeit: 20 Minuten

Nährwerte pro Portion: 12,0 g Kohlenhydrate • 32,1 g Eiweiß • 52,2 g Fett

Zutaten:

Für 2 Portionen

* 280 g Lammhackfleisch
* 20 g Kokosmehl
* Salz, Pfeffer
* 30 g Butterschmalz
* 200 g grüner Spargel
* 160 g Feldsalat
* 300 g Erdbeeren
* 70 ml Keto-Vinaigrette (siehe Seite 183)
* frische Kräuter (optional)

Zubereitung:

Das Hackfleisch mit dem Kokosmehl verkneten, salzen und pfeffern. Die Masse halbieren und zu kleinen Bällchen formen.

Die Hälfte des Butterschmalzes erhitzen und die Fleischbällchen darin rundherum anbraten. Die Hitze reduzieren und die Hackbällchen noch ca. 5 Minuten schmoren lassen. Herausnehmen und beiseite stellen.

Den Spargel waschen, die Enden abtrennen und die Stangen längs halbieren. Das restliche Butterschmalz in der Pfanne erhitzen und den Spargel darin andünsten.

Den Feldsalat und die Erdbeeren waschen und miteinander vermischen. Den Spargel und die Fleischbällchen darauf verteilen und alles mit der selbst gemachten Vinaigrette verfeinern. Optional mit frisch gehackten Kräutern bestreuen.

Meine Tipps:

Der Gargrad der Fleischbällchen richtet sich nach ihrer Verwendung. Verzehrst du den Salat sofort, dürfen sie innen noch rosa sein. Nimmst du sie mit, müssen sie gar sein.

Für den Salat außer Haus verpacke Gemüse, Fleisch und Dressing getrennt voneinander.

Seite 108: Herbstsalat mit Rinderfiletstreifen
Seite 113: Sommersalat mit Brombeeren

Sommersalat mit Brombeeren

Nährwerte pro Portion: 12,0 g Kohlenhydrate • 31,9 g Eiweiß • 52,2 g Fett – **Zubereitungszeit:** 10 Min.

Zutaten:

Für 2 Portionen
* 370 g Brombeeren
* 160 g Kopfsalat
* 380 g Feta (Schafs- oder Ziegenkäse)
* 30 ml Keto-Vinaigrette (siehe Seite 183)

Zubereitung:

Die Brombeeren nach Bedarf waschen und halbieren. Den Kopfsalat waschen. Beides zusammen anrichten.

Den Käse würfeln und auf dem Salat verteilen. Alles mit der selbst gemachten Vinaigrette anmachen.

Herbstsalat mit Rinderfiletstreifen

Nährwerte pro Portion: 11,8 g Kohlenhydrate • 31,6 g Eiweiß • 52,4 g Fett – **Zubereitungszeit:** 20 Min.

Zutaten:

Für 2 Portionen
* 250 g Rinderfilet
* 20 g Butterschmalz
* Salz, Pfeffer
* 160 g Lollo Rosso
* 200 g Pflaumen, entsteint
* 100 ml Keto-Vinaigrette (siehe Seite 183)
* 60 g Macadamias

Zubereitung:

Das Rinderfilet in Streifen schneiden. Butterschmalz erhitzen und die Fleischstreifen darin rundherum anbraten. Nach Bedarf salzen und pfeffern.

Salat waschen. Die Pflaumen vierteln.

Die Salatblätter mit den Pflaumenvierteln vermischen. Die Rindfleischstreifen darauf anrichten. Die selbst gemachte Vinaigrette darüber geben und mit den Macadamias bestreuen.

Mein Tipp:
Möchtest du den Salat außer Haus mitnehmen, schleudere den Salat gut trocken, damit er nicht zusammenfällt, und verpacke die Zutaten getrennt voneinander.

Wintersalat mit Ziegengouda und Apfel

Nährwerte pro Portion: 12,3 g Kohlenhydrate • 31,7 g Eiweiß • 51,2 g Fett – **Zubereitungszeit:** 10 Min.

Zutaten:

Für 2 Portionen
* 100 g Apfel
* 400 g Chicorée
* 260 g Ziegengouda
* 80 ml Keto-Vinaigrette (siehe Seite 183)
* 1 Dillblüte
* Petersilie

Zubereitung:

Den Apfel und den Chicorée waschen. Das Fruchtfleisch des Apfels in feine Scheiben schneiden. Einige Chicoréeblätter ganz lassen und die restlichen in feine Streifen schneiden. Den Ziegenkäse ebenfalls in feine Streifen schneiden.

Die Salatzutaten auf Tellern anrichten und mit der selbst gemachten Vinaigrette anmachen. Mit Dill und Petersilie garnieren.

Avocado-Tomaten-Salat

Nährwerte pro Portion: 12,0 g Kohlenhydrate • 32,1 g Eiweiß • 52,6 g Fett – **Zubereitungszeit:** 10 Min.

Zutaten:

Für 2 Portionen
* 760 g Tomaten
* 120 g Avocado
* 200 g Feta (Schafs- oder Ziegenkäse)
* 100 ml Keto-Vinaigrette (siehe Seite 183)
* 20 g Molken-Proteinpulver
* frisches Basilikum

Zubereitung:

Die Tomaten waschen und in große Würfel schneiden.

Das Fruchtfleisch der Avocado in Würfel schneiden.

Den Käse ebenfalls würfeln oder zerbröseln und mit Tomaten und Avocado mischen.

Die selbst gemachte Vinaigrette mit dem Molken-Proteinpulver mischen und den Salat damit anmachen. Mit Basilikum garnieren.

Brokkolisalat mit Kräuter-Mayo

Nährwerte pro Portion: 12,0 g Kohlenhydrate • 32,6 g Eiweiß • 50,3 g Fett

Zubereitungszeit: 30 Minuten

Zutaten:

Für 2 Portionen

* 600 g Brokkoli
* 2 Knoblauchzehen
* 120 g Schalotte
* 10 g Butterschmalz
* Salz, Pfeffer
* 150 g Putenbrustaufschnitt
* 90 g Keto-Mayonnaise (siehe Seite 184)
* 70 ml Keto-Vinaigrette (siehe Seite 183)
* Petersilie

Zubereitung:

Den Brokkoli waschen und in Röschen teilen. Die Brokkoliröschen in einen Topf geben, mit Wasser bedecken und in ca. 15 Minuten weich garen. Herausheben und grob hacken.

Den Knoblauch und die Schalotten abziehen und fein hacken. Butterschmalz in einer Pfanne erhitzen und die Knoblauch- und Schalottenstücke darin glasig dünsten. Den Brokkoli dazugeben und kurz mitschwenken. Mit Salz und Pfeffer würzen.

Die Putenbrustscheiben halbieren und etwas zusammenrollen. Brokkoli und Putenbrusttröllchen miteinander vermischen. Den Salat mit der selbst gemachten Mayonnaise und der selbst gemachten Vinaigrette anmachen.

Petersilie waschen, trocken schütteln, fein hacken und auf den Salat geben.

Mein Tipp:
Gib etwas Natron in das Kochwasser, dann bleibt der Brokkoli wunderschön strahlend grün.

Krabbensalat mit Gurke

Nährwerte pro Portion: 12,0 g Kohlenhydrate • 31,6 g Eiweiß • 52,6 g Fett – **Zubereitungszeit: 10 Min.**

Zutaten:

Für 2 Portionen

* 200 g gelbe Paprikaschote
* 200 g Salatgurke
* 230 g Romanasalat
* 290 g Nordseekrabben
* 60 ml Zitronensaft
* 130 g Keto-Mayonnaise (s. Seite 184)
* Salz, Pfeffer

Zubereitung:

Das Gemüse und den Salat waschen. Die Paprika fein würfeln. Die Gurke fein hobeln. Den Romanasalat in Streifen schneiden.

Die Nordseekrabben mit der gehobelten Gurke, dem Zitronensaft und der selbst gemachten Mayo vermengen. Mit Salz und Pfeffer würzen.

Den Romanasalat anrichten und mit dem angemachten Krabbensalat toppen. Mit den Paprikawürfeln garnieren.

Keto-„Kartoffelsalat" mit Mayonnaise

Nährwerte pro Portion: 11,9 g Kohlenhydrate • 32,3 g Eiweiß • 53,7 g Fett – **Zubereitungszeit: 20 Min.**

Zutaten:

Für 2 Portionen

* 8 Eier
* 260 g Petersilienwurzel
* 80 g Keto-Mayonnaise (siehe Seite 184)
* Salz, Pfeffer
* Schnittlauchröllchen

Zubereitung:

Die Eier hart kochen. Dazu Wasser in einem kleinen Topf aufkochen, die Eier mit einem Eierstecher an der runden Seite einstechen und für ca. 8 Minuten in das kochende Wasser legen. Herausnehmen und kurz kalt abspülen.

In einem zweiten Topf ebenfalls Wasser aufkochen. Die Petersilienwurzel waschen und im kochenden Wasser 10 Minuten garen. Anschließend die Schale abziehen und die Wurzel in Scheiben schneiden. Die Scheiben mit der Mayo vermengen, salzen und pfeffern.

Die Eier pellen, vierteln und auf dem „Kartoffelsalat" anrichten. Mit Schnittlauchröllchen garnieren.

Crispy Coconut-Chicken-Salat

Nährwerte pro Portion: 12,0 g Kohlenhydrate • 31,6 g Eiweiß • 51,7 g Fett

Zubereitungszeit: 25 Minuten

Zutaten:

Für 2 Portionen

* 470 g Romanasalat
* 160 g Hähnchenbrust
* Salz, Pfeffer
* 1 Ei
* 40 g Kokosraspel
* 50 g Kokosöl
* 240 g Himbeeren
* 50 ml Keto-Vinaigrette (siehe Seite 183)
* frische Kräuter (optional)

Zubereitung:

Den Romanasalat waschen und die Blätter in Streifen schneiden.

Die Hähnchenbrust kalt waschen, mit Küchenkrepp trocken tupfen und in Streifen schneiden. Mit Salz und Pfeffer würzen.

Das Ei in einem tiefen Teller verquirlen. Die Kokosraspel in einem zweiten tiefen Teller auslegen.

Das Kokosöl in einer Pfanne erhitzen. Die Hähnchenbruststreifen zuerst im verquirlten Ei, dann in den Kokosraspeln wenden und sofort im heißen Kokosöl rundherum knusprig goldbraun braten.

Den Salat mit den Himbeeren und dem knusprigen Hühnchen anrichten und mit der selbst gemachten Vinaigrette verfeinern. Mit frischen Kräutern garnieren (optional).

Seite 123: Bauernsalat mit Oliven und Tomaten

Bauernsalat mit Oliven und Tomaten

Nährwerte pro Portion: 11,9 g Kohlenhydrate • 32,3 g Eiweiß • 52,4 g Fett – **Zubereitungszeit:** 10 Min.

Zutaten:

Für 2 Portionen

* 200 g Eisbergsalat
* 200 g Salatgurke
* 130 g rote Paprikaschote
* 150 g Tomaten
* 40 g rote Zwiebel
* 20 g Oliven
* 360 g Feta (Schafs- oder Ziegenmilch)
* 40 ml Keto-Vinaigrette (Seite 183)

Zubereitung:

Salat und Gemüse waschen. Eisbergsalat in mundgerechte Stücke zupfen. Die Salatgurke längs halbieren und in Scheiben schneiden. Das Fruchtfleisch der Paprikaschote in Streifen schneiden. Die Tomaten vierteln.

Die Zwiebel abziehen und in Scheiben schneiden. Alle vorbereiteten Salatzutaten mit den Oliven in einer Schüssel anrichten.

Den Käse in Würfel schneiden und den Salat damit garnieren. Mit der selbst gemachten Vinaigrette anmachen.

Gemüsesticks mit Zaziki

Nährwerte pro Portion: 11,9 g Kohlenhydrate • 31,8 g Eiweiß • 54,2 g Fett – **Zubereitungszeit:** 10 Min.

Zutaten:

Für 2 Portionen

* 500 g Salatgurke
* 500 g Sahnequark
* 6 g Molken-Proteinpulver (1 gehäufter TL)
* 2 Knoblauchzehen
* 50 ml Olivenöl

Zubereitung:

Die Salatgurke waschen, eine Hälfte fein raspeln, die andere Hälfte längs in Sticks schneiden.

Den Sahnequark mit dem Molken-Proteinpulver vermengen. Den Knoblauch abziehen und dazupressen. Das Öl unterrühren. Das Zaziki mit den Gurkensticks servieren.

Mein Tipp:
Damit du auf die benötigte Menge an Protein für diese Portion kommst, ist Molken-Proteinpulver dabei. Du kannst das nach den ersten strengen 21 Tagen auch weglassen.

Snackmix mit Beef Jerky

Nährwerte pro Portion: 12,1 g Kohlenhydrate • 31,8 g Eiweiß • 53,6 g Fett

Zubereitungszeit: 10 Minuten

Zutaten:

Für 2 Portionen

* 260 g Salatgurke
* 200 g Stangensellerie
* 120 g Karotten
* 90 g Beef Jerky
* 140 g Macadamias

Zubereitung:

Das Gemüse waschen, nach Bedarf schälen und in Stifte schneiden. Die Gemüsesticks in eine Lunchbox packen.

Das Beef Jerky und die Macadamias dazu getrennt voneinander aufbewahren.

Meine Tipps:

Für einen super schnellen Notfall-Mittagssnack bist du mit dieser Kombination bestens gerüstet. Sie liefert dir alle benötigten Nährstoffe für ein gutes Mittagessen.

Achte auf die Qualität: Richtig gutes Beef Jerky zeigt auf der Zutatenliste nur Fleisch und Gewürze an und wird meist als „Paleo Beef Jerky" angeboten. Handelsübliches Jerky, das nur wenig Fleisch und viel Zuckerlösung mit Geschmacksstoffen enthält, ist nichts für dich.

Snackmix aus Paprika, Käse und Oliven

Nährwerte pro Portion: 12,0 g Kohlenhydrate • 31,4 g Eiweiß • 51,0 g Fett

Zubereitungszeit: 10 Minuten

Zutaten:

Für 2 Portionen

* 450 g gelbe Paprikaschote
* 250 g Ziegengouda
* 90 g Oliven

Zubereitung:

Die Paprikaschote waschen und das Fruchtfleisch in Streifen schneiden.

Den Ziegengouda in Würfel schneiden.

Paprikastreifen, Käsewürfel und Oliven in eine Lunchbox packen.

Mein Tipp:
Alle Zutaten kannst du auch für Notfälle im Büro-Kühlschrank aufbewahren. Ideal für Tage, an denen die Zeit für ein Mittagessen nicht reicht.

Salatwrap mit Räucherlachs

Nährwerte pro Portion: 12,1 g Kohlenhydrate • 31,8 g Eiweiß • 50,4 g Fett – **Zubereitungszeit: 10 Min.**

Zutaten:

Für 2 Portionen
* 200 g Romanasalat
* 290 g Karotten
* 270 g Räucherlachs
* 90 g Keto-Mayonnaise (siehe Seite 184)
* 1 TL Meerrettich, frisch gerieben
* 1 TL Dill, frisch gehackt

Zubereitung:

Den Romanasalat waschen und die Blätter ganz lassen. Die Karotten waschen, schälen (optional) und in Stifte schneiden.

Die Salatblätter mit dem Räucherlachs und den Karottenstiften belegen und eng zu Wraps aufrollen.

Die selbst gemachte Mayo mit Meerrettich und Dill aromatisieren. Zum Mitnehmen außer Haus siehe den Tipp auf Seite 126.

Salatwrap mit Ziegengouda

Nährwerte pro Portion: 12,0 g Kohlenhydrate • 32,2 g Eiweiß • 52,7 g Fett – **Zubereitungszeit: 10 Min.**

Zutaten:

Für 2 Portionen
* 200 g Romanasalat
* 200 g Salatgurke
* 210 g gelbe Paprikaschote
* 220 g Ziegengouda
* 170 ml Joghurt-Kräuter-Dressing (siehe Seite 183)

Zubereitung:

Den Romanasalat waschen und die Blätter ganz lassen. Die Salatgurke und die Paprikaschote waschen und in dünne Streifen schneiden. Auch den Käse in lange Streifen schneiden.

Die Salatblätter mit Gurken-, Paprika- und Käsestreifen belegen und eng zu Wraps aufrollen.

Das Joghurt-Kräuter-Dressing einmal gut umrühren. Zum Mitnehmen außer Haus siehe den Tipp auf Seite 126.

Salatwrap mit Rinderstreifen

Nährwerte pro Portion: 12,0 g Kohlenhydrate • 31,8 g Eiweiß • 50,1 g Fett

Zubereitungszeit: 15 Minuten

Zutaten:

Für 2 Portionen

* 200 g Romanasalat
* 300 g rote Paprikaschote
* 250 g Rindersteak
* 20 g Kokosöl
* Salz, Pfeffer
* 90 g Keto-Mayonnaise (siehe Seite 184)
* ½ TL Currypulver

Zubereitung:

Den Romanasalat waschen und die Blätter ganz lassen. Die Paprikaschote waschen und das Fruchtfleisch in Streifen schneiden.

Das Rindersteak in Streifen schneiden. Das Kokosöl in einer Pfanne erhitzen und die Fleischstreifen darin rundherum anbraten. Mit Salz und Pfeffer würzen.

Die Salatblätter mit den Rindfleischstreifen und den Paprikastreifen belegen und eng zu Wraps aufrollen.

Die selbst gemachte Mayo mit Currypulver aromatisieren. Zum Mitnehmen siehe untenstehenden Tipp.

Meine Tipps:

Um Wraps unterwegs problemlos essen zu können, kannst du sie nach dem Aufrollen zu zwei Drittel in Butterbrot- oder Backpapier einrollen, sodass sie bequem aus der Hand zu essen sind. Und nach Bedarf zuvor einmal schräg halbieren.

Die Dressings nimmst du am besten in einer kleinen, gut schließenden Flasche mit, um sie nach Bedarf portionsweise auf die Wraps träufeln zu können.

Gebratener Blumenkohlreis mit Ei

Nährwerte pro Portion: 12,0 g Kohlenhydrate • 32,0 g Eiweiß • 51,5 g Fett

Zubereitungszeit: 20 Minuten

Zutaten:

Für 2 Portionen
* 100 g Lauch
* 100 g Karotten
* 300 g Blumenkohl
* 60 g Kokosöl
* Salz, Pfeffer
* 8 Eier
* Petersilie

Zubereitung:

Das Gemüse waschen. Den Lauch in feine Ringe, die Karotte in dünne Scheiben schneiden. Den Blumenkohl in Röschen teilen, portionsweise in einen Mixer geben und zu reiskorngroßen Stücken zerkleinern.

Das Kokosöl in einer Pfanne erhitzen und den Blumenkohlreis darin andünsten. Karotten und Lauch dazugeben und alles in ca. 10 Minuten weich dünsten. Mit Salz und Pfeffer würzen.

Die Eier aufschlagen, in eine Schüssel geben und verquirlen. Die Eimasse über den Blumenkohlreis gießen und unter mäßigem Rühren stocken lassen.

Petersilie waschen, trocken schütteln und fein hacken. Die Blumenkohl-Ei-Mischung auf Tellern anrichten und mit der gehackten Petersilie garnieren.

Mein Tipp:
Um „Blumenkohlreis“ zu gewinnen, häcksle die geputzten Blumenkohlröschen immer portionsweise: Eine kleine Handvoll nach der anderen in den Mixer geben und wieder herausnehmen – so werden die Stückchen gleichmäßig klein.

Tom Kha Gai – Hühnersuppe mit Kokosmilch

Zubereitungs-zeit: 30 Minuten

Nährwerte pro Portion: 12,1 g Kohlenhydrate • 32,2 g Eiweiß • 50,2 g Fett

Zutaten:

Für 4 Portionen

* 2 Stangen Zitronengras
* 4 cm Galgant
* 2 Chilischoten
* 300 g Karotten
* 800 g Champignons
* 480 ml Kokosmilch
* 600 ml Hühnerbrühe (siehe Seite 187)
* 4 Kaffirlimettenblätter
* 380 g Hähnchenbrust
* 100 g Kokosöl
* Saft von 2 Limetten
* 1 TL Erythrit (optional)
* Salz, Pfeffer
* 1 EL Fischsauce (optional)
* Koriandergrün, frisch gehackt
* 1 Chilischote, in Ringe geschnitten

Zubereitung:

Zitronengras waschen, stückeln und mit einem Messerrücken glatt drücken. Galgant schälen und in Scheiben schneiden. Chilischoten waschen. Karotten waschen, Champignons nur putzen und beides in dünne Scheiben schneiden.

Kokosmilch und Hühnerbrühe aufkochen. Zitronengras, Galgant, 1 Chilischote und die Kaffirlimettenblätter zufügen und 5 Minuten köcheln lassen. Karotten einlegen und 5 Minuten köcheln lassen. Die Gewürze abschöpfen.

Champignons in die Suppe geben und 5 Minuten erwärmen. Hähnchenbrust kalt waschen, grob würfeln, zufügen und kurz mitgaren – das Fleisch soll zart bleiben.

400 Milliliter der Suppe und das Kokosöl in ein hohes, hitzebeständiges Gefäß füllen. Mit einem Passierstab emulgieren und zurück zur Suppe geben. Diese mit Limettensaft, Erythrit, Salz, Pfeffer und Fischsauce würzen und mit Koriandergrün und Chiliringen garnieren.

Mein Tipp:
Kaffirlimettenblätter, Galgant und Fischsauce findest du im Asialaden. Achte bei der Fischsauce unbedingt darauf, dass sie keine Geschmacksverstärker enthält.

Gelbe Tomatensuppe mit Mozzarella

Nährwerte pro Portion: 11,9 g Kohlenhydrate • 31,9 g Eiweiß • 49,8 g Fett

Zubereitungszeit: 30 Minuten

Zutaten:

Für 4 Portionen

* 40 g Zwiebel
* 1,2 kg gelbe Tomaten
* 10 g Butterschmalz
* 400 ml Gemüsebrühe
* Salz, Pfeffer
* 120 g Sahne
* 10 ml Olivenöl
* 660 g Mozzarella-Kügelchen
* Koriandergrün

Zubereitung:

Die Zwiebel abziehen und fein hacken. Tomaten waschen und würfeln. Zwei Esslöffel Tomatenwürfel für die Deko beiseite stellen.

Das Butterschmalz in einem Topf erhitzen und die gehackte Zwiebel darin glasig dünsten. Die Tomatenwürfel dazugeben und rundherum kurz anschwitzen. Mit Gemüsebrühe ablöschen und ca. 20 Minuten köcheln lassen.

Die Suppe mit einem Passierstab pürieren, salzen und pfeffern. Zum Verfeinern Sahne und Olivenöl unterrühren. Die Mozzarella-Kügelchen in die Suppe geben und unter Rühren kurz miterhitzen.

Koriandergrün waschen, trocken schütteln, die Blätter abzupfen und grob hacken. Die Suppe mit dem Koriandergrün garnieren und servieren.

Mein Tipp:

Ich püriere die Tomatenhaut einfach mit. Wenn du das nicht möchtest, kannst du die Tomaten vor der Verwendung häuten. Dazu die Tomaten in eine große Schüssel geben, mit kochendem Wasser übergießen und warten, bis die Haut aufplatzt. Dann vorsichtig abziehen.

Tomatensuppe mit Chorizo und Rosmarin

Nährwerte pro Portion: 12,1 g Kohlenhydrate • 31,6 g Eiweiß • 51,6 g Fett

Zubereitungszeit: 20 Minuten

Zutaten:

Für 4 Portionen

* 480 g Chorizo
* 1 Zweig Rosmarin
* 800 g passierte Tomaten
* 400 ml Gemüsebrühe
* Salz, Pfeffer
* getrockneter Rosmarin
* 20 ml Olivenöl

Zubereitung:

Die Chorizo würfeln und in einem großen Topf ohne Fett anschwitzen – so kann das Fett der Wurst austreten und die Chorizowürfel können im eigenen Fett knusprig werden. Den Rosmarinzweig dazulegen und mitdünsten. Sobald die Chorizowürfel knusprig sind, herausnehmen und auf einem Teller beiseite stellen. Das ausgelassene Fett im Topf belassen.

Die passierten Tomaten und die Gemüsebrühe in den Topf geben und kurz aufkochen lassen. Mit Salz, Pfeffer und getrocknetem Rosmarin würzen.

Die Suppe mit Olivenöl verfeinern und mit den Chorizowürfeln und den Rosmarinnadeln anrichten.

Mein Tipp:

Wähle Chorizo ohne Nitrit und Geschmacksverstärker. Du bekommst die würzige Wurst im Biohandel oder mit etwas Glück im konventionellen Handel. In Spanien gibt es sie in jedem Supermarkt. Wenn du also mal in Spanien im Urlaub bist, dann greife zu.

Quiche mit Räucherlachs und Lauch

Nährwerte pro Portion: 12,0 g Kohlenhydrate • 32,3 g Eiweiß • 53,8 g Fett

Zubereitungszeit: 40 Minuten

Zutaten:

Für 4 Portionen
* 1 kg Lauch
* 120 g Weidebutter
* 120 g Räucherlachs
* 12 Eier
* 100 g Sahne
* Petersilie, frisch gehackt

Zubereitung:

Den Backofen auf 180 °C (Umluft 160 °C, Gas Stufe 2–3) vorheizen. Eine runde Springform (26 Zentimeter Durchmesser) so mit Backpapier auslegen, dass das Papier auch die Ränder abdeckt.

Den Lauch waschen und in feine Ringe schneiden. Die Butter in einer Pfanne erhitzen und den Lauch darin weich dünsten.

Den gedünsteten Lauch in die Springform geben. Den Räucherlachs darüber verteilen.

Die Eier in ein hohes Gefäß geben und mit einem Pürierstab verquirlen. Die Sahne unterrühren. Die Ei-Sahne-Mischung über Lauch und Räucherlachs gießen.

Die Form auf die mittlere Schiene des Backofens stellen und die Quiche ca. 30 Minuten backen, bis die Eier gestockt sind und sie goldbraun ist. Mit frisch gehackter Petersilie bestreuen.

Mein Tipp:
Die Quiche eignet sich kalt wunderbar zum Mitnehmen, und du kannst so dein Mittagessen für einige Tage vorbereiten.

Abendessen

Seite 138: Blumenkohlrisotto mit Baby-Calamari
Seite 140: Bratwürstchen mit Apfel-Sauerkraut

Blumenkohlrisotto mit Baby-Calamari

Nährwerte pro Portion: 12,1 g Kohlenhydrate • 32,4 g Eiweiß • 51,7 g Fett – **Zubereitungszeit: 30 Min.**

Zutaten:

Für 2 Portionen
* 580 g Blumenkohl
* 30 g Weidebutter
* 40 g Parmesan
* 200 g Baby-Calamari, geputzt
* 200 g Sahne
* Salz, Pfeffer
* Petersilie, frisch gehackt

Zubereitung:

Den Blumenkohl waschen, in Röschen teilen und portionsweise in einem Mixer zu reiskorngroßen Stücken zerkleinern. Die Hälfte der Butter in einer Pfanne erhitzen und den Blumenkohlreis darin 10 Minuten weich dünsten. Bei Bedarf etwas Wasser dazugeben.

Den Parmesan reiben. Wenn der Blumenkohl angenehm weich ist, den Parmesan einrühren.

Die restliche Butter in einer Pfanne erhitzen und die Baby-Calamari darin goldbraun anbraten.

Das „Risotto“ mit Sahne verfeinern, salzen und pfeffern. Mit den Calamari und der Petersilie anrichten.

Bratwürstchen mit Apfel-Sauerkraut

Nährwerte pro Portion: 12,0 g Kohlenhydrate • 32,2 g Eiweiß • 53,1 g Fett – **Zubereitungszeit: 20 Min.**

Zutaten:

Für 2 Portionen
* 640 g Sauerkraut
* 3 Wacholderbeeren
* 120 g Apfel
* 330 g Bratwürste ohne Zusatzstoffe
* 10 g Butterschmalz
* 1 EL Dijonsenf

Zubereitung:

Das Sauerkraut mit den Wacholderbeeren in einen Topf geben und 10 Minuten köcheln lassen (bzw. je nach Anweisung auf der Packung).

Den Apfel waschen, entkernen und fein würfeln. Zum Sauerkraut geben und miterhitzen.

Das Butterschmalz in einer Pfanne erhitzen und die Bratwürste darin rundherum anbräunen.

Die Wacholderbeeren aus dem Sauerkraut entfernen. Die Bratwürste mit Sauerkraut und Senf servieren.

Lammkarree mit Pimientos de Padrón

Zubereitungszeit: 45 Minuten + Einweichzeit für die Tomaten

Nährwerte pro Portion: 12,0 g Kohlenhydrate • 31,6 g Eiweiß • 50,0 g Fett

Zutaten:

Für 4 Portionen

* 120 g getrocknete Tomaten
* 1 kg Lammkarree (ca. 540 g ohne Knochen)
* Salz
* 60 g Butterschmalz
* Pfeffer
* 2 Zweige Rosmarin
* 120 g Oliven ohne Stein
* 4 Stängel Petersilie
* 4 Zweige Thymian
* 2 EL Kokosmehl
* 60 ml Olivenöl
* 1,2 kg Bratpaprika (Pimientos de Padrón)
* grobes Meersalz

Zubereitung:

Die Tomaten 1 Stunde in Wasser einweichen. Den Backofen auf 140 °C (Umluft 120 °C/Gas Stufe 1) vorheizen. Das Lammkarree kalt waschen, trocken tupfen und mit Salz würzen.

Butterschmalz in einem Bräter erhitzen und das Lammkarree darin auf der Fleischseite anbraten. Wenden, pfeffern und den Rosmarin einlegen. Das Lammkarree 20 Minuten im Backofen garen.

Die Oliven und die eingeweichten Tomaten fein hacken. Petersilie und Thymian waschen und die Blätter fein hacken. Oliven, Tomaten, Petersilie, Thymian und Kokosmehl mit der Hälfte des Olivenöls zu einer Paste verrühren.

Die Bratpaprika waschen und abtropfen lassen. Das restliche Öl in einer Pfanne erhitzen und die Pimientos darin 7 bis 10 Minuten rundherum anbraten. Mit grobem Meersalz würzen.

Das Lammkarree herausnehmen und den Backofengrill einschalten. Die Oliven-Tomaten-Paste auf dem Fleisch verteilen und das Karree unter dem Backofengrill 2 bis 3 Minuten gratinieren. Mit Bratpaprika servieren.

Indisches Butter-Hähnchen

Nährwerte pro Portion: 12,1 g Kohlenhydrate • 32,4 g Eiweiß • 50,2 g Fett

Zubereitungszeit: 30 Minuten + Marinierzeit

Zutaten:

Für 4 Portionen

* 480 g Hähnchenbrust
* 5 cm Ingwer
* 1 Knoblauchzehe
* 100 g griechischer Joghurt (10 % Fett)
* Saft von 1 Zitrone
* 1 TL Paprikapulver
* 1 TL Garam Masala (Gewürzpulver)
* Cayennepfeffer
* Salz
* 700 g passierte Tomaten
* 140 g Weidebutter
* 1 TL Zimt
* 200 g Sahne
* Koriandergrün, frisch gehackt

Zubereitung:

Die Hähnchenbrust kalt waschen, in Stücke schneiden und in eine Auflaufform legen. Ingwer schälen, Knoblauch abziehen und beides fein hacken. Den Joghurt mit Ingwer, Knoblauch, Zitronensaft, Paprikapulver, Garam Masala sowie je 1 Teelöffel Cayennepfeffer und Salz zu einer Marinade verrühren. Das Fleisch mindestens 1 Stunde darin marinieren lassen.

Den Backofen auf 200 °C (Umluft 180 °C, Gas Stufe 3–4) vorheizen. Das Fleisch darin 25 Minuten garen.

Inzwischen für die Sauce die Tomaten bei schwacher Hitze erwärmen. Die Butter einrühren und mit Zimt und Salz würzen. 20 Minuten leicht köcheln lassen, dabei gelegentlich umrühren. Die Sahne einrühren und kurz miterhitzen.

Zuletzt das Fleisch mit der Marinade in die Sauce geben und alles kurz aufkochen. Mit Salz und Cayennepfeffer abschmecken und mit Koriandergrün garnieren.

Meine Tipps:

Noch zarter wird das Fleisch, wenn du es über Nacht im Kühlschrank ziehen lässt. Decke es gut mit Frischhaltefolie ab oder verpacke es in einer luftdichten Box.

Wenn du magst, würze das Hähnchen scharf mit Chili.

Auberginenpüree mit Parmesan

Nährwerte pro Portion: 12,0 g Kohlenhydrate • 31,7 g Eiweiß • 52,1 g Fett

Zubereitungs-zeit: 25 Minuten

Zutaten:

Für 2 Portionen

* 60 g Schalotte
* 2 Knoblauchzehen
* 660 g Auberginen
* 20 g Kokosöl
* 1 TL Currypulver
* 150 g Parmesan
* 120 g Sahne
* Salz
* Pfeffer (alternativ Chilipulver)
* Koriandergrün

Zubereitung:

Die Schalotte und die Knoblauchzehen abziehen und fein hacken. Die Auberginen waschen und würfeln.

Das Kokosöl in einer Pfanne erhitzen und die Schalottenwürfel darin glasig dünsten. Den Knoblauch dazugeben und kurz mitschwitzen. Das Currypulver einrühren. Die Auberginenwürfel in die Pfanne geben und 10 bis 15 Minuten andünsten, dabei regelmäßig wenden.

Den Parmesan reiben und 1 Esslöffel zum Garnieren beiseite legen.

Wenn die Auberginenwürfel so weich sind, dass sie von selbst zerfallen, die Sahne und den Parmesan einrühren.

Alles mit einem Passierstab zu einem glatten Püree verarbeiten oder die Aubergine nur grob mit einer Gabel zerdrücken. Mit Salz und Pfeffer (alternativ Chilipulver) würzen.

Koriandergrün waschen, trocken schütteln, die Blätter abzupfen und grob hacken. Das Auberginenpüree mit beiseite gelegtem Parmesan und dem Koriandergrün garnieren.

Kokos-Fischstäbchen mit Rahmspinat

Nährwerte pro Portion: 12,0 g Kohlenhydrate • 32,4 g Eiweiß • 53,8 g Fett

Zubereitungs-zeit: 30 Minuten

Zutaten:

Für 4 Portionen
* 1,1 kg Spinat (TK oder frisch)
* 260 g getrocknete Tomaten
* 1 Ei
* 120 g Kokosraspel
* 360 g Zanderfilet
* 60 g Kokosöl
* 200 g Sahne
* Salz, Pfeffer

Zubereitung:

Tiefkühl-Spinat rechtzeitig auftauen lassen und ausdrücken bzw. frischen Spinat waschen und abtropfen lassen. Den Spinat fein hacken. Die getrockneten Tomaten in feine Streifen schneiden.

Das Ei in einem tiefen Teller verquirlen. Die Kokosraspel in einem zweiten tiefen Teller auslegen. Das Zanderfilet kalt waschen, mit Küchenkrepp trocken tupfen und in „Stäbchen“ schneiden.

Zwei Dritttel des Kokosöls in einer Pfanne erhitzen und den gehackten Spinat darin andünsten, bis er zusammengefallen ist.

Das restliche Öl in einer zweiten Pfanne erhitzen. Die Fischstäbchen durch das verquirlte Ei ziehen, in den Kokosraspeln wenden, in das heiße Kokosöl legen und knusprig goldbraun ausbacken.

Währenddessen die Sahne an den Spinat gießen. Den Rahmspinat mit Salz und Pfeffer würzen.

Die Fischstäbchen mit dem Rahmspinat anrichten. Mit den restlichen Kokosraspeln und den Tomatenstreifen garnieren.

Mein Tipp:
Kaufe weiche getrocknete Tomaten mit dem Hinweis: „soft“.

Blumenkohl Mac'n'Cheese

Nährwerte pro Portion: 12,0 g Kohlenhydrate • 32,5 g Eiweiß • 53,8 g Fett

Zubereitungszeit: 30 Minuten

Zutaten:

Für 2 Portionen

* 450 g Blumenkohl
* 160 g Karotten
* 20 g Weidebutter
* Salz, Pfeffer
* 80 g Sahne
* 200 g Cheddar

Zubereitung:

Den Backofen auf 220 °C (Umluft 200 °C, Gas Stufe 4–5) vorheizen. Ein Backblech mit Backpapier auslegen.

Den Blumenkohl waschen und in Röschen teilen. Die Karotten waschen, optional schälen und fein würfeln. Blumenkohlröschen und Karottenwürfel auf das Backblech legen.

Die Hälfte der Butter in einem Topf bei schwacher Hitze langsam schmelzen. Die Butter über das Gemüse träufeln. Mit Salz und Pfeffer würzen und alles vermengen.

Das Backblech in den Backofen schieben und das Gemüse in ca. 15 Minuten goldbraun rösten.

Die Sahne in einem Topf erhitzen. Den Cheddar reiben und zusammen mit der restlichen Butter in der Sahne schmelzen.

Das Gemüse mit der Mac'n'Cheese-Sauce vermengen.

Mein Tipp:

Cheddar ist ziemlich weich. Um ihn besser reiben zu können, kannst du ihn vorab für 15 Minuten in ein Gefrierfach legen, damit er etwas härter wird.

Hähnchensaté

Nährwerte pro Portion: 12,0 g Kohlenhydrate • 32,6 g Eiweiß • 49,7 g Fett

Zubereitungszeit: 45 Minuten

Zutaten:

Für 2 Portionen

* 190 g Hähnchenbrust
* 2 Knoblauchzehen, abgezogen
* 1 ½ cm Ingwer, geschält
* Saft von 1 Limette
* ½ TL Kurkuma
* ½ TL edelsüßes Paprikapulver
* 30 g Schalotte
* 60 g Kokosöl
* 1 Messerspitze Chilipulver
* 1 Messerspitze Currypulver
* 60 ml Kokosmilch
* 40 g Sesammus (Tahini)
* Salz, Pfeffer
* 1 TL Erythrit (optional) in Pulverform
* 400 g Blumenkohl
* 200 g Mangold

Zubereitung:

Das Fleisch kalt waschen und in mundgerechte Stücke schneiden. Für die Marinade 1 Knoblauchzehe und 1 Zentimeter Ingwer fein würfeln. Beides mit dem Saft einer halben Limette, Kurkuma und Paprikapulver verrühren. Das Fleisch darin wenden, zudecken und 30 Minuten im Kühlschrank marinieren lassen.

Für die Sauce die Schalotte abziehen. Schalotte, die restliche Knoblauchzehe und den restlichen Ingwer fein hacken. 20 Gramm Kokosöl erhitzen und die Schalotte darin glasig dünsten. Knoblauch, Ingwer, Chilipulver, Currypulver, 1 Messerspitze Kurkuma, die Kokosmilch und das Sesammus einrühren. Mit Salz, Pfeffer und dem restlichen Limettensaft würzen. Mit Erythrit erhält die Sauce eine leichte Süße.

Den Blumenkohl waschen und portionsweise in einem Mixer zu reiskorngroßen Stücken zerkleinern. Den Mangold waschen und fein hacken. 20 Gramm Kokosöl in einer zweiten Pfanne erhitzen. Den Blumenkohlreis darin 10 Minuten weich dünsten. Den Mangold zufügen und mitdünsten, bis er weich wird.

In einer dritten Pfanne das restliche Öl erhitzen. Das marinierte Fleisch auf Spieße stecken und rundherum anbraten. Alles zusammen anrichten.

Mein Tipp:
Weiche die Spieße vorher in Wasser ein. Püriere die Sauce.

Hühnerfrikassee

Nährwerte pro Portion: 12,0 g Kohlenhydrate • 32,3 g Eiweiß • 52,4 g Fett

Zubereitungszeit: 30 Minuten + Kochzeit für die Brühe

Zutaten:

Für 6 Portionen

* Fleisch von 1 Suppenhuhn (ca. 500 g; siehe Seite 185)
* 240 g Karotten
* Salz
* 1,6 kg Blumenkohl
* 90 g Weidebutter
* 1 TL Johannisbrotkernmehl
* 1 l Hühnerbrühe (siehe Seite 187)
* Pfeffer
* Saft von 1 Zitrone
* 540 g Sahne
* 6 Eigelb
* Petersilie, frisch gehackt

Zubereitung:

Vom gekochten Hühnchen die Haut abziehen, das Fleisch von den Knochen lösen und in mundgerechte Stücke zupfen.

Das Gemüse waschen. Die Karotten in feine Scheiben schneiden. Den Blumenkohl in Röschen teilen, portionsweise in einem Mixer zu reiskorngroßen Stücken zerkleinern, in einem Topf mit Wasser bedecken, salzen und in ca. 15 Minuten garen.

Die Hälfte der Butter in einer Pfanne erhitzen und die Karotten darin andünsten.

Für die Sauce die restliche Butter in einem Topf erhitzen und das Johannisbrotkernmehl einrühren, bis es keine Klümpchen mehr gibt. Mit der Hühnerbrühe ablöschen und unter Rühren aufkochen lassen. Mit Salz, Pfeffer und Zitronensaft würzen. Hähnchenfleisch und Karotten zufügen und kurz erhitzen.

Die Sahne mit dem Eigelb verquirlen. Die Eigelbmischung in die Sauce rühren und diese nicht mehr kochen lassen – sonst flockt das Eigelb aus.

Das Hühnerfrikassee mit dem Blumenkohlreis servieren und mit Petersilie garnieren.

Beef-Tatar mit Rote-Bete-Mayo

Nährwerte pro Portion: 12,0 g Kohlenhydrate • 31,7 g Eiweiß • 52,1 g Fett

Zubereitungszeit: 20 Minuten

Zutaten:

Für 2 Portionen

* 80 g Keto-Mayonnaise (siehe Seite 184)
* 80 g Sauerrahm
* 100 g Rote Bete, geschält und gegart
* Salz, Pfeffer
* 150 g Rinderfilet
* 2 Schalotten
* 80 g Cornichons
* 2 Anchovis
* 2 Eigelb
* Cayennepfeffer
* 370 g Salatgurke
* 40 g Kapern
* Petersilie, fein gehackt

Zubereitung:

Für die rote Mayo die selbst gemachte Mayonnaise mit dem Sauerrahm vermengen. Die Rote Bete raspeln und unterheben. Mit Salz und Pfeffer würzen.

Das Rinderfilet mit einem scharfen Messer zuerst in lange dünne Scheiben, dann in dünne Streifen schneiden. Die Fleischstreifen in Frischhaltefolie einwickeln und 10 Minuten im Gefrierfach anfrieren lassen. Herausholen und in feine Würfel (Tatar) schneiden.

Die Schalotten abziehen. Cornichons, Schalotten und Anchovis fein würfeln. Mit dem Eigelb und dem Tatar vermengen. Mit Salz, Cayennepfeffer und Pfeffer würzen.

Die Salatgurke waschen und in feine Scheiben schneiden. Die Gurkenscheiben auf zwei Tellern anrichten und das Tatar darauf platzieren. Mit Mayo, Kapern und Petersilie garnieren.

Mein Tipp:

Verwende nur besonders frisches Fleisch für das Tatar. Sag beim Metzger dazu, dass du es roh verzehren möchtest. Er kann das Fleisch auch durch den Fleischwolf drehen, doch dann solltest du es gut gekühlt transportieren, aufbewahren und am selben Tag verzehren.

Carnitas mit Guacamole

Nährwerte pro Portion: 12,0 g Kohlenhydrate • 31,8 g Eiweiß • 49,7 g Fett

Zubereitungszeit: 30 Minuten plus 8 Stunden Kochzeit im Slow Cooker

Zutaten:

Für 4 Portionen

* 580 g Schweineschulter (Gewicht ohne Knochen)
* Salz, Pfeffer
* 2 Zwiebeln
* 2 Knoblauchzehen
* Saft von 1 Orange
* 40 g Butterschmalz
* 520 g Romanasalat
* 600 g Tomaten
* 20 ml Olivenöl
* Saft von 2 Limetten
* 200 g Keto-Guacamole (siehe Seite 186)
* 2 Limetten, in Spalten
* Koriandergrün, frisch gehackt

Zubereitung:

Das Fleisch abspülen, salzen und pfeffern. Mit der fetten Seite nach oben in einen Slow Cooker geben. Eine Zwiebel halbieren und mit den Knoblauchzehen dazulegen. Mit Orangensaft und Wasser bedecken und 8 Stunden auf „low" oder 5 Stunden auf „high" garen. Mit zwei Gabeln zu „pulled pork" auseinander ziehen. Die Brühe unter Köcheln auf 200 Milliliter reduzieren.

Die restliche Zwiebel abziehen und fein hacken. Butterschmalz erhitzen und die Zwiebeln darin anschwitzen. Das „pulled pork" portionsweise dazugeben und unter Wenden anbräunen – dabei jeweils etwas Brühe angießen, bis die Carnitas schön knusprig sind. Zum Schluss mit der restlichen Brühe saftig machen.

Den Romanasalat waschen und in Streifen schneiden, die Tomaten grob würfeln und beides mit Öl und Limettensaft auf Tellern anmachen. Mit Carnitas, Guacamole, Limettenspalten und Koriandergrün anrichten.

Mein Tipp:

Du kannst das Fleisch auch mit etwas Wasser in eine Form geben, mit Alufolie abdecken und 2 Stunden im auf 160 °C (Umluft 140 °C, Gas Stufe 1) vorgeheizten Backofen garen. Decke es dann ab und gare es 1 Stunde weiter.

Zürcher Geschnetzeltes mit Blumenkohlreis

Nährwerte pro Portion: 12,1 g Kohlenhydrate • 31,8 g Eiweiß • 51,2 g Fett

Zubereitungszeit: 30 Minuten

Zutaten:

Für 4 Portionen

* 820 g Blumenkohl
* Salz
* 380 g Kalbsnuss oder Kalbsschnitzel
* 180 g Zwiebel
* 600 g Champignons
* 40 g Butterschmalz
* 200 ml Gemüsebrühe
* 480 g Sahne
* Pfeffer
* Saft von 1 Zitrone
* Petersilie

Zubereitung:

Den Blumenkohl waschen, in Röschen teilen und portionsweise in einem Mixer zu reiskorngroßen Stücken zerkleinern. Den „Reis" in einen Topf geben und mit Wasser bedecken. Ca. 10 Minuten köcheln lassen, bis er weich ist. Mit Salz würzen.

Das Kalbfleisch zuerst in Scheiben, dann in ca. 3 Zentimeter lange Schnetzel schneiden. Die Zwiebel abziehen und fein würfeln. Die Champignons putzen und in Scheiben schneiden.

Das Butterschmalz in der Pfanne erhitzen und das Fleisch darin scharf anbraten. Das Fleisch aus der Pfanne nehmen und auf einem Teller beiseite stellen.

Die Zwiebel im verbleibenden Fett glasig dünsten. Mit der Gemüsebrühe ablöschen. Die Champignons dazugeben und andünsten, bis sie zusammenfallen.

Die Sahne und das Fleisch dazugeben und bei mittlerer Hitze 3 Minuten einköcheln lassen. Mit Salz, Pfeffer und Zitronensaft würzen.

Petersilie waschen, trocken schütteln und fein hacken. Den Blumenkohl mit dem Geschnetzelten anrichten und mit Petersilie garnieren.

Rosenkohl mit Parmesan und Caesar-Dressing

Nährwerte pro Portion: 12,0 g Kohlenhydrate • 32,0 g Eiweiß • 52,6 g Fett

Zubereitungszeit: 40 Minuten

Zutaten:

Für 2 Portionen

* 600 g Rosenkohl
* 2 Knoblauchzehen
* 30 ml Olivenöl
* grobes Meersalz
* 80 g Parmesan
* 40 g Sardinen (in Olivenöl)
* 60 ml Zitronensaft
* 60 g Keto Mayonnaise (s. Seite 184)
* Salz, Pfeffer

Zubereitung:

Den Backofen auf 220 °C (Umluft 200 °C, Gas Stufe 4–5) vorheizen. Ein Backblech mit Backpapier auslegen.

Den Rosenkohl waschen und die Strünke abschneiden. Die äußeren Blättchen abzupfen und auf das Backblech legen – die werden besonders knusprig. Die Röschen halbieren und dazulegen. Den Knoblauch abziehen, fein hacken und über den Rosenkohl geben. Das Olivenöl darüber träufeln. Alles gut vermengen und dabei darauf achten, dass die Röschenhälften mit den Schnittkanten nach unten liegen bleiben.

Das Backblech in den Backofen geben und den Rosenkohl in 20 Minuten knusprig backen.

Den Parmesan reiben, die Hälfte auf dem Rosenkohl verteilen und diesen für weitere 5 Minuten backen.

Die Sardinen abtropfen lassen und fein hacken. Mit Zitronensaft, der selbst gemachten Mayo und dem restlichen Parmesan vermengen. Mit Salz und Pfeffer würzen.

Den Rosenkohl kurz abkühlen lassen und mit dem Caesar-Dressing servieren.

Mozzarellasticks mit Tomatensalat

Nährwerte pro Portion: 12,1 g Kohlenhydrate • 32,1 g Eiweiß • 54,3 g Fett – **Zubereitungszeit:** 20 Min.

Zutaten:

Für 2 Portionen

* 500 g Cocktailtomaten
* 300 g Mozzarella
* 40 g Kokosmehl
* 20 g Butterschmalz
* 20 ml Olivenöl
* 15 ml Apfelessig
* Salz, Pfeffer
* Basilikum

Zubereitung:

Die Cocktailtomaten waschen und halbieren. Die Mozzarellakugeln halbieren und in breite Streifen („Sticks") schneiden. Das Kokosmehl in einen tiefen Teller geben und die Käsesticks darin wenden.

Das Butterschmalz in einer Pfanne erhitzen und die Mozzarellasticks darin goldbraun anbraten.

Das Olivenöl in einer zweiten Pfanne erhitzen und die Cocktailtomaten darin andünsten, bis sie zusammenfallen. Mit Apfelessig, Salz und Pfeffer würzen.

Die Mozzarellasticks mit den warmen Tomaten servieren und mit Basilikum toppen.

Burrata auf Mangold und Grapefruit

Nährwerte pro Portion: 12,0 g Kohlenhydrate • 32,3 g Eiweiß • 50,4 g Fett – **Zubereitungszeit:** 15 Min.

Zutaten:

Für 2 Portionen

* 300 g Mangold
* Salz, Pfeffer
* 240 g Burrata (italienischer Frischkäse, ähnlich dem Mozzarella)
* 60 g Pinienkerne
* 240 g Grapefruitfilets
* 10 ml Apfelessig
* 10 ml Olivenöl

Zubereitung:

Den Mangold waschen, in einen Topf mit etwas Wasser geben und kurz andünsten. Mit Salz und Pfeffer würzen. Herausheben, abtropfen lassen und auf zwei Tellern anrichten.

Die Burrata auf das Gemüse legen, mit Pinienkernen bestreuen und mit den Grapefruitfilets dekorieren. Apfelessig und Olivenöl darüber träufeln.

Seite 162: Brat-„Kartoffeln“ mit Kräuterquark

Grünkohlsalat

Nährwerte pro Portion: 12,0 g Kohlenhydrate • 31,9 g Eiweiß • 52,2 g Fett – **Zubereitungszeit:** 15 Min.

Zutaten:

Für 2 Portionen

* 430 g Grünkohl
* 20 ml Olivenöl
* Salz, Pfeffer
* Cayennepfeffer
* 160 g Avocado
* 390 g Ziegenfrischkäse (Vollfettstufe)

Zubereitung:

Den Grünkohl waschen und die Blätter vom harten Strunk abziehen. Die Blätter in Streifen schneiden und mit den Händen kurz durchkneten, um seine Zellstrukturen aufzubrechen.

Das Olivenöl erhitzen und den Kohl darin andünsten, bis er leicht zusammenfällt. Mit Salz, Pfeffer und Cayennepfeffer würzen. Etwas abkühlen lassen.

Das Fruchtfleisch der Avocado in Scheiben vom Kern schneiden. Den Grünkohl als lauwarmen Grünkohlsalat anrichten und mit Ziegenfrischkäse und Avocadoscheiben toppen.

Brat-„Kartoffeln“ mit Kräuterquark

Nährwerte pro Portion: 12,1 g Kohlenhydrate • 32,1 g Eiweiß • 52,3 g Fett – **Zubereitungszeit:** 20 Min.

Zutaten:

Für 2 Portionen

* 200 g Petersilienwurzel
* 40 g Butterschmalz
* Meersalz
* edelsüßes Paprikapulver
* Muskatnuss
* Pfeffer
* Kurkuma
* frische Kräuter (z. B. Schnittlauch)
* 470 g Quark (20 % Fett)

Zubereitung:

Die Petersilienwurzel waschen, nach Bedarf schälen und in Scheiben schneiden. Das Butterschmalz in einer Pfanne erhitzen und die Petersilienwurzelscheiben darin goldbraun wie Bratkartoffeln braten. Mit Salz, Paprikapulver, Muskatnuss, Pfeffer und Kurkuma würzen.

Die Kräuter waschen, trocken tupfen und fein hacken. Den Quark glatt rühren, die Kräuter unterrühren und mit Salz und Pfeffer würzen.

Die Keto-Brat„Kartoffeln“ mit dem Quark anrichten.

Keto-Pizza Margherita

Nährwerte pro Portion: 11,9 g Kohlenhydrate • 32,2 g Eiweiß • 51,5 g Fett

Zubereitungs-zeit: 60 Minuten

Zutaten:

Für 4 Portionen

* 500 g Keto-Baguette-Teig (siehe Tipp)
* 400 g passierte Tomaten
* 100 ml Olivenöl
* Salz, Pfeffer
* 240 g gelbe Paprikaschote
* 280 g Mozzarella
* Basilikum

Zubereitung:

Den Backofen auf 200 °C (Umluft 180 °C, Gas Stufe 3–4) vorheizen. Ein Backblech mit Backpapier auslegen.

Den Teig nach Packungsanweisung zubereiten, auf das Backblech geben, glatt drücken, mit einer Gabel mehrmals einstechen. Den Pizzaboden 20 Minuten vorbacken.

Tomaten und Olivenöl in einen Topf geben, vermengen und aufkochen. Die Hitzezufuhr reduzieren und die Tomatensauce in ca. 10 Minuten einkochen, bis sie deutlich eindickt. Mit Salz und Pfeffer würzen.

Die Paprikaschote waschen und in dünne Streifen schneiden. Den Mozzarella in Stücke zupfen.

Den vorgebackenen Boden aus dem Backofen nehmen und mit Tomatensauce bestreichen. Die Paprikastreifen und den Mozzarella darauf verteilen und die Pizza weitere 20 Minuten backen.

Aus dem Backofen holen und mit frischem Basilikum garnieren.

Mein Tipp:
Für dieses Rezept benötigst du den Inhalt einer Packung der Backmischung „Le Bread für rustikales Keto-Baguette“.

great
my Pizza
food
hot
cool
fo d punk

Lachspäckchen mit Spargel

Nährwerte pro Portion: 11,9 g Kohlenhydrate · 31,5 g Eiweiß · 51,0 g Fett

Zubereitungs-
zeit: 40 Minuten

Zutaten:

Für 2 Portionen

* 400 g grüner Spargel
* 200 g Karotten
* 2 Lachsfilets (à 130 g)
* 1 Zitrone
* 30 ml Olivenöl
* 80 g Sauce hollandaise (siehe Seite 185)

Außerdem:

* Pergamentpapier
* Küchengarn

Zubereitung:

Backofen auf 200 °C (Umluft 180 °C, Gas Stufe 3–4) vorheizen.

Das Gemüse waschen. Vom Spargel die holzigen Enden abschneiden. Die Karotten der Länge nach in Stifte schneiden.

Die Lachsfilets kalt waschen und mit Küchenkrepp trocken tupfen.

Zwei Stück Pergamentpapier so zurechtschneiden, dass sie sich nach Einlegen von Gemüse und Fisch falten und zubinden lassen.

Je die Hälfte des Gemüses auf ein Pergamentpapier verteilen und ein Lachsfilet darauf legen. Die Zitrone waschen, in Querscheiben schneiden und auf Lachs und Gemüse verteilen. Alles mit Olivenöl beträufeln. Jeweils das Papier über die Füllung schlagen und auf beiden Seiten mit Küchengarn schließen.

Die Papierpäckchen auf einen kalten Backofenrost legen und mit diesem in den heißen Backofen schieben. Das Gericht 20 Minuten im Backofen garen. Herausholen, auf Tellern anrichten und mit selbst gemachter Sauce hollandaise servieren.

Thunfisch mit Sesamkruste und Asia-Gemüse

Nährwerte pro Portion: 12,1 g Kohlenhydrate • 31,8 g Eiweiß • 51,2 g Fett

Zubereitungszeit: 20 Minuten

Zutaten:

Für 2 Portionen

* 100 g orangefarbene Paprikaschote
* 420 g Thai-Spargel
* 20 g Ingwer
* 20 g Kokosöl
* Salz
* Chilipulver
* 60 g schwarze Sesamsamen
* 180 g Thunfischfilet in Sushi-Qualität
* 1 Chilischote
* Koriandergrün, frisch gehackt
* 2 Limetten
* 100 g Keto-Guacamole (siehe Seite 186)

Zubereitung:

Die Paprikaschote waschen und in Streifen schneiden. Spargel waschen. Den Ingwer schälen und fein hacken.

Die Hälfte des Kokosöls erhitzen und den Ingwer darin 2 Minuten andünsten. Das Gemüse dazugeben und ca. 7 Minuten garen. Mit Salz und Chilipulver würzen.

Den Sesam auf einem Teller ausbreiten. Das Thunfischsteak kalt abspülen, trocken tupfen und von allen Seiten fest in den Sesam drücken. Das restliche Kokosöl erhitzen und den Thunfisch darin von jeder Seite 1 bis 2 Minuten anbraten.

Chilischote in Ringe schneiden. Das Gemüse mit dem Thunfisch auf zwei Tellern anrichten. Mit Koriandergrün und Chiliringen dekorieren.

Die Limetten waschen, in Spalten schneiden und zusammen mit der Guacamole dazu reichen.

Mein Tipp:
Achte beim Thunfisch darauf, dass er ein Siegel für nachhaltige Fischerei trägt. Da der Fisch nur kurz gebraten wird, ist er innen noch roh und muss besonders frisch sein.

Forelle mit Kräutersauce

Nährwerte pro Portion: 12,1 g Kohlenhydrate • 31,8 g Eiweiß • 51,7 g Fett

Zubereitungszeit: 30 Minuten

Zutaten:

Für 2 Portionen

* 1 ganze Forelle (400 g), küchenfertig
* 600 g Lauch
* 60 g Weidebutter
* Salz, Pfeffer
* frische Kräuter (Zitronenmelisse, Basilikum, Dill, Kerbel, Estragon)
* 80 g Sauce hollandaise (siehe Seite 185)

Zubereitung:

Die Forelle innen und außen kalt waschen und dann trocken tupfen. Den Lauch waschen und in feine Streifen schneiden.

Die Hälfte der Butter in einer Pfanne erhitzen und den Lauch darin rundherum andünsten. Ein halbes Glas Wasser dazugeben und den Lauch ca. 8 Minuten köcheln lassen, bis er weich ist. Mit Salz und Pfeffer würzen.

Während der Lauch gart, die restliche Butter in einer zweiten Pfanne erhitzen. Die Forelle darin auf beiden Seiten anbräunen. Es dauert ca. 10 Minuten, bis die Forelle gar ist.

Die Kräuter waschen, trocken schütteln und fein hacken. Die Sauce hollandaise mit den gehackten Kräutern aufpeppen.

Die Forelle längs teilen und mit je der Hälfte des Gemüses und der Sauce auf Teller anrichten.

Desserts

Mousse au chocolat

Nährwerte pro Portion: 4,8 g Kohlenhydrate • 3,8 g Eiweiß • 20,8 Fett

Zubereitungszeit: 20 Minuten + Kühlzeit

Zutaten:

Für 4 Portionen

* 60 g Zartbitterschokolade (mit Xylit oder über 90 % Kakao)
* 15 g Weidebutter
* 1 Ei
* 1 EL Erythrit (oder Xylit) in Pulverform
* 120 g Sahne

Zubereitung:

Schokolade und Butter in einem Wasserbad schmelzen (siehe Tipp). Beiseite nehmen und auf Handwärme abkühlen lassen.

Das Ei trennen. Das Eigelb mit einem Schneebesen schaumig schlagen. Das Erythrit einrühren.

Die Sahne in ein hohes Gefäß geben und mit einem Handrührgerät steif schlagen. Das Eiweiß separat dazu auch steif schlagen.

Die abgekühlte Schokolade (sie darf sich auf der Hand nicht mehr warm anfühlen) mit einem Teigschaber unter die Sahne heben. Den Eiweißschnee unter die Creme heben.

Die Mousse au chocolat auf Dessertgläser verteilen, in den Kühlschrank stellen und mindestens 1 Stunde kühlen.

Meine Tipps:

Für das Wasserbad bringst du Wasser in einem Topf zum Kochen und setzt dann eine Edelstahlschüssel, die größer als die Topföffnung ist, auf den Topf. Beides vom heißen Herd nehmen und die Zutaten in der Schüssel vorsichtig nur über dem Wasserdampf erhitzen.

Verarbeite Erythrit oder Xylit zuvor in einem Standmixer zu Puder oder verwende direkt „Puderzucker“. Es löst sich sonst nicht so gut im Dessert.

Keto-Vanilleeis

Nährwerte pro Portion (ca. 66 g): 1,6 g Kohlenhydrate • 2,8 g Eiweiß • 18,3 g Fett
Nährwerte pro 100 g: 2,4 g Kohlenhydrate • 4,1 g Eiweiß • 27,0 g Fett

Zubereitungszeit: 20 Minuten + Kühlzeit + Gefrierzeit

Zutaten:

Für 8 Portionen

* 1 Vanilleschote
* 400 g Sahne
* 50 g Erythrit
* 4 Eigelb

Zubereitung:

Die Vanilleschote der Länge nach aufschneiden und das Mark herauskratzen. Sahne, Erythrit, Vanillemark und Vanilleschote bei mittlerer Hitze aufkochen. Rühren, bis sich das Erythrit komplett gelöst hat. Vom Herd nehmen.

Das Eigelb hellgelb und schaumig aufschlagen und in die Sahnemischung einrühren. Den Topf erneut auf den Herd stellen und die Creme unter ständigem Rühren kurz erhitzen, bis sie eindickt. Keinesfalls kochen, sonst gerinnt das Ei.

Die Creme in eine Schüssel füllen und für mindestens 3 Stunden in den Kühlschrank stellen. Die komplett abgekühlte Creme in eine Eismaschine geben und je nach Gebrauchsanleitung in 30 bis 45 Minuten zu Eis gefrieren lassen.

Meine Tipps:

Solltest du keine Eismaschine haben, friere die Masse in einem gefrierbeständigen Gefäß ein und und rühre sie alle 10 Minuten mit einer Gabel schön glatt, um die Bildung von Eiskristallen zu verhindern.

Soll das Eis im Gefrierfach länger cremig bleiben, kannst du ½ Teelöffel Johannisbrotkernmehl dazugeben.

Eiskaffee mit Sahne

Nährwerte pro Portion: 2,2 g Kohlenhydrate • 3,1 g Eiweiß • 21,5 g Fett

Zubereitungszeit: 10 Minuten + Abkühlzeit für den Kaffee

Zutaten:

Für 2 Portionen

* 400 ml kalter Kaffee
* 2 Handvoll Eiswürfel
* 100 g Keto-Vanilleeis (siehe Seite 176)
* 50 g Sahne (optional)
* 2 Messerspitzen Kakaopulver

Zubereitung:

Den Kaffee einige Stunden vorher zubereiten und abkühlen lassen.

Je eine Handvoll Eiswürfel und eine Kugel selbst gemachtes Vanilleeis in ein Glas geben. Den kalten Kaffee aufgießen.

Etwas Sahne aufschlagen und den Eiskaffee damit garnieren.

Mit Kakaopulver dekorieren.

Mein Tipp:
Während deines 21-Tage-Kickstarts bist du super streng und dadurch extrem effektiv. Daher gibt es in den ersten 21 Tagen täglich drei Mahlzeiten aus den Rezepten für das Frühstück, Mittagessen und Abendessen. Nach den 21 strengen Tagen darfst du dir an einem Tag pro Woche eines dieser himmlischen Desserts, etwa diesen Eiskaffee, aussuchen. Bereite den Kaffee am Tag zuvor vor und stelle ihn abgekühlt in den Kühlschrank. So kannst du am eigentlichen Tag schneller einen Eiskaffee genießen.

Erdbeeren mit Mascarponecreme

Nährwerte pro Portion: 4,5 g Kohlenhydrate • Eiweiß 3,5 g • 13,0 g Fett – Zubereitungszeit: 15 Min.

Zutaten:

Für 4 Portionen
* 1 Ei
* 1 EL Erythrit (oder Xylit) in Pulverform
* 125 g Mascarpone
* 1 Tropfen Bittermandelöl
* 1 Messerspitze gemahlene Vanille
* 250 g Erdbeeren

Zubereitung:

Das Ei trennen. Das Eigelb mit einem Schneebesen schaumig schlagen. Das Erythrit einrühren.

Den Mascarpone esslöffelweise unter die Eicreme einrühren. Mit Bittermandelöl und Vanille aromatisieren.

Das Eiweiß steif schlagen und den Eischnee vorsichtig mit einem Teigschaber unter die Creme heben.

Die Erdbeeren waschen und je nach Größe etwas klein schneiden. Mit der Mascarponecreme servieren.

Himbeercreme

Nährwerte pro Portion: 7,8 g Kohlenhydrate • 2,5 g Eiweiß • 22,3 g Fett – Zubereitungszeit: 15 Min. + Kühlzeit

Zutaten:

Für 4 Portionen
* 1 Dose Kokosmilch (400 ml, ohne Zusätze, damit sich die feste Kokoscreme von der Flüssigkeit absetzen kann)
* 250 g Himbeeren
* 3 EL Erythrit (optional) in Pulverform
* Minzblätter

Zubereitung:

Die Kokosmilch über Nacht in den Kühlschrank stellen, damit die Kokoscreme fest werden kann.

Am nächsten Tag ein paar Himbeeren für die Deko beiseite legen. Die restlichen Himbeeren in einem Mixer pürieren.

Die feste Schicht der Kokosmilch, die Kokoscreme, in eine Rührschüssel geben, 5 Minuten mit einem Handrührgerät aufschlagen.

Das Himbeerpüree dazugeben und 5 Minuten weiter schlagen. Nach Geschmack mit Erythrit süßen. Die Creme mit frischen Himbeeren und Minzblättern garnieren und sofort servieren.

Grundrezepte

Knuspermüsli

Nährwerte pro 100 g: 10,4 g Kohlenhydrate • 11,7 g Eiweiß • 55,4 g Fett

Zubereitungs-
zeit: 70 Minuten

Zutaten:

Für ca. 240 Gramm

* 50 g Walnüsse
* 100 g Macadamias
* 50 g Kokosflocken
* 25 g Erythrit
* 15 g Kokosöl

Zubereitung:

Den Backofen auf 150 °C (Umluft 130 °C, Gas Stufe 1) vorheizen. Ein Backblech mit Backpapier auslegen.

Die Nüsse grob hacken. Walnüsse, Macadamias, Kokosflocken und Erythrit miteinander vermengen.

Das Kokosöl bei schwacher Hitze in einem Topf verflüssigen. Das Öl auf das Backblech geben und die Kokosflocken-Nuss-Masse darauf in 1 Zentimeter Dicke verteilen.

Das Backblech in den Backofen geben und die Mischung 30 bis 45 Minuten anbräunen lassen, dabei alle 10 Minuten mit einem Holzkochlöffel wenden. Gegen Ende der Backzeit alle 3 bis 5 Minuten kontrollieren, ob das Müsli fertig ist. Das Backblech herausholen.

Das Müsli auf dem Backblech abkühlen lassen. Damit sich das Erythrit nicht am Boden absetzt, auch jetzt noch das Müsli für 30 Minuten alle 10 Minuten wenden.

Vollkommen erkalten lassen. Im ausgehärteten Zustand in Stücke brechen und in einem großen Einmachglas aufbewahren.

Mein Tipp:
Jeder Backofen heizt anders, deswegen solltest du die Nüsse gut im Auge behalten.

Joghurt-Kräuter-Dressing

Nährwerte pro 100 g: 3,5 g Kohlenhydrate • 5,0 g Eiweiß, 21,5 g Fett – **Zubereitungszeit:** 5 Min.

Zutaten:

Für ca. 200 Milliliter

* 1 Handvoll frische Kräuter (Kresse, Petersilie, Schnittlauch, Kerbel)
* 150 g griechischer Joghurt (10 % Fett)
* 30 ml Olivenöl
* 30 ml Apfelessig
* Salz, Pfeffer

Zubereitung:

Die Kräuter waschen, trocken schütteln und fein hacken. Den Joghurt mit dem Olivenöl und dem Apfelessig verrühren. Die Kräuter dazugeben und alles mit Salz und Pfeffer würzen.

Das Dressing in eine sterilisierte Flasche füllen, diese gut verschließen und im Kühlschrank aufbewahren. Das Dressing vor dem Verwenden schütteln.

Keto-Vinaigrette

Nährwerte pro 100 g: 0,5 g Kohlenhydrate • 1 g Eiweiß • 28,5 g Fett – **Zubereitungszeit:** 5 Min.

Zutaten:

Für ca. 200 Milliliter

* 40 ml Apfelessig
* 40 ml Olivenöl
* 20 ml MCT-Öl
* 100 ml Wasser
* 1 TL Dijonsenf
* Salz, Pfeffer

Zubereitung:

Essig, beide Öle, Wasser und Senf in ein hohes Gefäß geben und mit einem Passierstab fein emulgieren. Salzen und pfeffern.

Die Vinaigrette in eine sterilisierte Flasche füllen, diese gut verschließen und im Kühlschrank aufbewahren. Die Vinaigrette vor dem Verwenden schütteln.

Mein Tipp:
Sterilisierte Flaschen bieten eine keimfreie Aufbewahrung für deine Kreationen. Dafür Flaschen mit hitzebeständigem Verschluss für 10 Minuten in den auf 100 °C (Umluft 80 °C, Gas Stufe 1) vorgeheizten Backofen geben, herausnehmen und vor dem Einfüllen vollständig abkühlen lassen.

Keto-Mayonnaise

Nährwerte pro 100 g:, 0,8 g Kohlenhydrate • 4,1 g Eiweiß • 89 g Fett

Zubereitungs-zeit: 15 Minuten

Zutaten:

Für ca. 120 Gramm

* 1 sehr frisches Eigelb
* ½ TL Dijonsenf
* 1 EL Zitronensaft
* 1 Messerspitze Cayennepfeffer
* 1 Prise Salz
* 100 ml hochwertiges Öl (85 ml Macadamiaöl und 15 ml MCT-Öl)

Zubereitung:

Variante 1: Eigelb, Senf, Zitronensaft, Cayennepfeffer und Salz in einer Rührschüssel ca. 2 Minuten mit einem Schneebesen aufschlagen, bis die Masse hellgelb ist. Nach und nach kleine Mengen Öl dazugeben und kräftig weiterschlagen, bis die Mischung fest und cremig wird. Das kann nochmals 5 bis 6 Minuten dauern – ein gutes Workout, das Ausdauer erfordert.

Variante 2: Eigelb, Senf, Zitronensaft, Cayennepfeffer und Salz in einen schmalen, hohen Mixbehälter füllen. Einen Pürierstab auf den Boden des Behälters stellen und alles gut durchmixen. Nach und nach das Öl in einem dünnen Strahl hinzufügen und dabei den Pürierstab langsam nach oben ziehen – darunter entsteht die feste Mayonnaise.

Meine Tipps:

Arbeite wegen des rohen Eigelbs besonders hygienisch. Bewahre die Mayo gut verschlossen im Kühlschrank maximal drei Tage auf. Alle Zutaten müssen vor der Zubereitung Zimmertemperatur haben.

Auch Avocadoöl eignet sich für eine gute Mayonnaise, natives Olivenöl schmeckt markant. Für eine mediterrane Aioli eine Knoblauchzehe dazupressen. Oder mit Kräutern oder Chili aufpeppen.

Sauce hollandaise

Nährwerte pro 100 g: 1,0 g Kohlenhydrate • 1,5 g Eiweiß • 26,5 g Fett

Zubereitungszeit: 20 Minuten

Zutaten:

Für ca. 170 Gramm

* 125 g Weidebutter
* 1 Schalotte
* 2 weiße Pfefferkörner
* 1 EL Apfelessig
* 2 Eigelb
* 1 EL Zitronensaft
* Salz, Pfeffer

Zubereitung:

Die Butter in einem Topf schmelzen, vom Herd nehmen und abkühlen lassen. Wasser für ein Wasserbad aufkochen und dann die Hitze reduzieren.

Die Schalotte abziehen und fein würfeln. Schalottenwürfel, Pfeffer, Essig und 2 Esslöffel Wasser kurz aufkochen lassen. Durch ein Sieb in eine Edelstahlschüssel gießen, um den Sud aufzufangen.

Vorsichtig das Eigelb sowie 1 Esslöffel kaltes Wasser in den Sud geben und gut verquirlen. Die Eigelbcreme über dem heißen Wasserbad mit einem Schneebesen aufschlagen, bis sie eindickt; dabei sollte das Wasser nur dampfen und nicht sprudelnd kochen. Die Creme vom Wasserbad nehmen und 30 weitere Sekunden schlagen.

Die etwas abgekühlte Butter langsam mit einem Schneebesen unter die Eigelbcreme rühren. Mit Zitronensaft, Salz und Pfeffer würzen. Zügig servieren, da die Sauce beim Abkühlen fester wird.

Meine Tipps:

Auf www.foodpunk.de/rezepte findest du für die Zubereitung der Sauce hollandaise Schritt-für-Schritt-Bilder.

Du kannst die Sauce zwei bis drei Tage gut verschlossen im Kühlschrank aufbewahren. Vor dem Verzehr leicht erwärmen und glatt rühren. Erhitze sie nicht zu stark, sonst trennen sich ihre Bestandteile.

Keto-Guacamole

Nährwerte pro 100 g: 1,0 g Kohlenhydrate • 1,5 g Eiweiß • 26,5 g Fett – **Zubereitungszeit: 10 Min.**

Zutaten:

Für ca. 200 Gramm

* 1 große, reife Avocado (Sorte Hass, ca. 160 g)
* 15 ml MCT-Öl
* Saft von 1 Limette
* ¼ TL Chiliflocken
* 1 Prise Salz

Zubereitung:

Die Avocado halbieren, den Kern entfernen und das Fruchtfleisch mit einem Löffel in eine Schüssel schaben. Mit einer Gabel das Fruchtfleisch zerdrücken.

MCT-Öl und Limettensaft einrühren und die Guacamole mit Chiliflocken und Salz würzen.

Rinderknochenbrühe

Nährwerte pro 100 g: 0,4 g Kohlenhydrate • 4,7 g Eiweiß • 0,4 g Fett – **Zubereitungszeit: 4 Stunden**

Zutaten:

Für ca. 2 Liter

* 1 Stange Lauch
* ½ Sellerieknolle
* 2 Karotten
* 2 Zwiebeln
* 2 Knoblauchzehen
* 1 kg Knochen vom Weiderind
* 3 Stängel Petersilie
* 3 l Wasser
* 30 ml Apfelessig
* 5 Pfefferkörner
* 2 Lorbeerblätter

Zubereitung:

Das Gemüse waschen und in grobe Stücke schneiden. Zwiebeln abziehen und halbieren. Knoblauch abziehen und andrücken.

Knochen in einem großen Topf ohne Fett etwas anrösten. Gemüse und Petersilie dazugeben. Alles mit Wasser bedecken. Essig, Pfefferkörner und Lorbeerblätter zufügen. Aufkochen, die Hitzezufuhr reduzieren und die Knochen 3 bis 4 Stunden köcheln lassen.

Knochen und Gemüse abseihen und dabei die Brühe auffangen. Die heiße Brühe in sterilisierte Gläser füllen und diese luftdicht verschlossen aufbewahren. Die Brühe hält sich drei bis vier Tage im Kühlschrank, du kannst sie aber auch portionsweise einfrieren.

Mein Tipp:
Diese Brühe liefert Collagen für Bindegewebe und Darm.

Hühnerbrühe

Nährwerte pro 100 g: 0,4 g Kohlenhydrate • 6 g Eiweiß • 5 g Fett

Zubereitungs-zeit: 2,5 Stunden

Zutaten:

Für ca. 2 Liter

* 1 Stange Lauch
* 2 Karotten
* ½ Sellerieknolle
* 2 Knoblauchzehen
* 1 Zwiebel
* 1 kleines Suppenhuhn (ca. 1 kg)
* 10 Pfefferkörner
* 1 Stängel Petersilie
* 2 Lorbeerblätter
* 2 EL Apfelessig
* Meersalz

Zubereitung:

Gemüse waschen, nach Bedarf schälen und in grobe Stücke schneiden. Den Knoblauch abziehen und mit einem Messerrücken platt drücken. Die Zwiebel mit Schale halbieren.

Das Huhn kalt waschen und den Bürzel (das kleine „Schwanz"-Stückchen) abschneiden, sonst schmeckt die Suppe talgig. In einen großen Topf legen. Gemüse, Pfefferkörner, Petersilie und Lorbeerblätter dazugeben und alles mit Wasser bedecken. Einmal aufkochen lassen, die Hitzezufuhr reduzieren und zugedeckt 2 Stunden köcheln lassen.

Das Huhn mit einer Schöpfkelle herausnehmen. Vorsicht: Es zerfällt leicht. Die Brühe durch ein Sieb gießen, noch heiß in sterilisierte Einmachgläser gießen, verschließen, abkühlen lassen und im Kühlschrank aufbewahren. Oder die Brühe ebenso wie das Hühnerfleisch direkt für ein Hühnerfrikassee (siehe Seite 154) oder eine Hühnersuppe (siehe Seite 130) verwenden.

Mein Tipp:
Die Nährstoffe des Gemüses befinden sich nach dem Köcheln in der Suppe, das Gemüse an sich ist damit relativ geschmacklos. Für eine spätere Suppeneinlage bereite deshalb frisches Gemüse zu.

Impressum

1. Auflage 2018

Hinweis: Das vorliegende Buch ist sorgfältig erarbeitet worden. Dennoch erfolgen alle Angaben ohne Gewähr. Weder Autorin noch Verlag können für eventuelle Nachteile oder Schäden, die aus den im Buch gegebenen Hinweisen resultieren, eine Haftung übernehmen.

Sollte diese Publikation Links auf Webseiten Dritter enthalten, so übernehmen wir für deren Inhalte keine Haftung, da wir uns diese nicht zu eigen machen, sondern lediglich auf deren Stand zum Zeitpunkt der Erstveröffentlichung verweisen.

Bildredaktion und Leitung der Fotoproduktion: Sabine Kestler und Bele Engels

Coverfoto: Fotograf: Marek Vogel
Haare/Make up: Tina Maucher

Food Fotografie: Udo Einenkel
Foodstyling: Udo Einenkel, Roland Göbel

Mit Ausnahme von:
Seite 6-8 und 10-11: Marina Lommel Privatarchiv; Seite 9: Mitya Kolomiyets; Seite 12: Adobe Stock/ Yulia Furman; Seite 16: Adobe Stock/Dasha Petrenko; Seite 21: shutterstock/GRSI; Seite 25: iStock/Todor Tsvetkov; Seite 27: privat; Seite 32: istock/Kate_Koreneva; Seite 37: Stocksy/Dobránska Renáta; Seite 40: shutterstock/279photo Studio; Seite 43: Adobe Stock/alex9500; Seite 45: shutterstock/Anna Bogush; Seite 46, 47: Fotografie Doreen Kühr; Seite 49: shutterstock/Bojsha; Seite 51: shutterstock/SiNeeKan; Seite 53: privat; Seite 57: shutterstock/iuliia; Seite 59: istock/richiesd; Seite 63: iStock/littleclie; Seite 64: Mark Vogel; Seite 67: privat; Seite 69: Adobe Stock/Syda Productions; Seite 70: Maike Jesse/Südwest Verlag; Seite 72: shutterstock/Maria Savenko; Seite 76: thinkstock/ TongRo Image; Seite 77: shutterstock/Oksana Mizina; Seit 78: istock/EKramar; Seite 79: Adobe Stock/Diana Taliun; Seite 81: shutterstock/Ahanov Michael; Seite 105: Adobe Stock/beats; Seite 123: AdobeStock/olhaafanasieva; Seite 130: Stock-Food/Wissing; Seite 145: Adobe Stock/tycoon101; Seite 150: iStock/OksanaKiian; Seite 174: istock/ Daniela Romanesi; Autorenportrait/Buchklappe: Mitya Kolomyiets

Redaktionsleitung: Dr. Harald Kämmerer
Projektleitung: Ann-Kathrin Kunz
Redaktion: Dr. Ute Paul-Prößler
Korrektorat: Susanne Langer-Joffroy
Satz: Nadine Thiel, kreativsatz, Baldham
Layout und Umschlaggestaltung: OH, JA! (www.oh-ja.com)
Foodfotografie: Udo Einenkel
Reproduktion: Mohn Media Mohndruck GmbH, Gütersloh
Druck und Verarbeitung: DZS Grafik d.o.o., Ljubljana

Printed in Slovenia

MIX
Papier aus verantwortungsvollen Quellen
FSC www.fsc.org FSC® C106600

Verlagsgruppe Random House FSC® N001967

ISBN 978-3-517-09746-6
www.suedwest-verlag.de